たまご・貝殻のなかま
シェル〔殻〕に学ぶ

河内 康伸 著

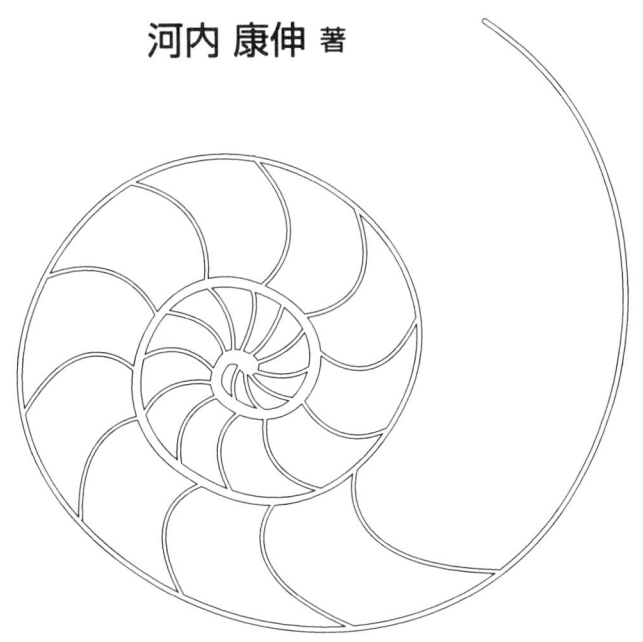

大学教育出版

目　次

はじめに ……………………………………………………………………3

第1部　シェルを見る

第1章　ドーム …………………………………………………………7
　　　　東京国際貿易センター二号館　　キング・ドーム
　　　　アトレウスの宝庫　　パンテオン
　　　　サン・ピエトロ大聖堂　　膜構造
　　　　東京ドーム　　ジオデジック・ドーム　　C60

第2章　たまご …………………………………………………………20
　　　　鶏卵　　ウミガラスの卵　　人工卵形殻

第3章　数学シェル ……………………………………………………30
　　　　東京カテドラル聖マリア大聖堂
　　　　放物双曲面と一葉双曲面　　すばる

第4章　バイオニクス・シェル ………………………………………36
　　　　貝殻　　オウムガイ　　植物細胞と軟式飛行船
　　　　マイクロカプセル

第2部　シェルを知る

第5章　シェルの幾何学と力学の基礎 ………………………………42
　　　5．1　曲面の分類　42

　　　　5．1．1　曲面の形成法による分類

　　　　5．1．2　平均曲率とガウス曲率による分類

　　　　5．1．3　極小曲面

　　5．2　回転対称殻の幾何学　*52*

　　5．3　回転対称殻の力学　*53*

　　5．4　回転対称殻の変形　*60*

第6章　端をもつシェル ……………………………………………… *62*

第7章　シェル構造物の剛性の比較 ………………………………… *73*

第8章　シェルの座屈強さ …………………………………………… *75*

あとがき ………………………………………………………………… *81*

参考文献 ………………………………………………………………… *83*

付　録

　　付1　カスティリアノの定理　*85*

　　付2　回転対称殻の主曲率半径 **r**₁、**r**₂の求め方　*86*

　　付3　膜力と荷重との釣り合いの式　*88*

　　付4　回転対称殻の変形　*90*

　　付5　双曲放物面と一葉双曲面　*92*

　　付6　回転曲面の方程式　*95*

　　付7　対数らせん　*96*

　　付8　カシニ曲線　*98*

　　付9　水車入り口の接続短管の計算　*101*

はじめに

　シェルとはなにか。日ごろ、そのようなことを深く考えることなく、鋼板を曲げたり、つないだりしてできた卵の殻のようなものと捉えている。ましてや、一般の方々には、殻とかシェルという言葉にはなじみが薄く、遠い存在であろう。

　しかし、家の中を注意深く見ると、意外なことにシェル構造をしたものが多く、とりわけ台所はシェルの宝庫である。鶏卵の殻、缶ビールの缶、お茶や海苔の缶、貝殻……などと日常生活と深い関わりをもっている。わが家には、二十数年前に庭で作ったひょうたんの殻もある。

図1　家の中で見つけたシェルの仲間

　街に出てみると、給水タンクやガスタンクが目に入り、LNG を輸送するタンクローリー車に出くわすこともある。

　工業製品では、圧力容器として製造されているものも多い。深海調査船しんかい 6500 の乗務員室は、直径 2m のチタン合金製球形殻の圧力容器であり、世の厳しい批判を浴びたもんじゅの原子炉容器もそうである。ジャンボジェット機の胴体は、直径 6.5m に達する巨大な圧力容器である。

一方、構造的な合理性と造形的な美しさを併せ追求する建築の世界に目を向けると、様々な素晴らしいシェル構造物に出くわす。かつて、東京国際見本市のメインホールであった晴海の国際貿易センターもその1つで、造形美豊かな鉄骨造りの近代的な球形シェル構造であった。

　名画と呼ばれる絵画の中にもシェル建造物をモチーフとしたものがある。図2は、1881年、ルノアール（Auguste Renoir）がヴェネツィアを訪れたときに描いた写生画「サン・マルコの広場」である。中央の半球形ドームは、ヴェネツィアの本寺といわれるサン・マルコ聖堂であろうか。明るい光の中で燦然と輝いている。

図2「サン・マルコの広場」　部分［出所：世界の名画 7、中央公論社］

　土木の世界にも巨大なシェルがある。7年の歳月と総工費 425 億円を投じて構築された黒部ダムは、堤高 186m、堤長 492m に達する世界最大級のアーチダムである。堤が湖心に向かってアーチ状に張り出し、非常に薄い曲面壁で水圧を受け、その力を両岸に伝達させている。

図3 巨大なシェル 黒部ダム（富山） ウィングダムが両岸から張り出し、中央部には2重曲率をもつ傾斜アーチのドームがある。

　近年、わが国の各地に建造されている巨大なエアードームも、技術的にはシェル構造に近い空気膜構造である。この構造はサーカスのテントから始まったといわれており、ほのぼのとした親しみが感じられる。
　また、日本には、古くから折り紙という文化がある。折り紙は、建築構造でいう折板構造の仲間である。シェルや空気膜構造が、板面や膜面を3次元的に湾曲させた形をしているのに対して、折板構造は、曲面の代わりに互いに傾いた平面同士を接合させて、相互に変形を拘束する状態を作って剛性を高めている。ユネスコ本部ビルの会議場や、東京・あきる野市の秋川ファーマーズ・センターには、この方式が採用されている。

　なぜ、このようにシェル構造やその仲間が、多くの自然物や人工物の構造設計に採用されているのであろうか。それは、外力を支える構造として経済性が高いからである。

図4 折板構造の建物 秋川ファーマーズ・センター（東京・あきる野市）

　ここで、一枚の色紙を取り上げてみよう。この正方形の色紙の一端を指先で摘まむと、対向する紙の端は下に折れ曲がってしまい、自重すら支えることができない。今、この色紙に上または下向きに曲率をつけてやり、先ほどと同じように紙の一端を指で摘まむと、色紙はピンと張り出して、自重はもちろんのこと、いくらかの荷重をも支えることができるようになり、指先には反力が伝わってくる。このような自重や荷重の伝達作用は、材料の寸法を増すことによるのではなく、適当な形態を材料に与えることによって生まれたものである。このように、材料に形をつけて、強さ（剛性）を得る構造を形態抵抗構造と呼んでいる。これこそが、シェルとその仲間たちの構造物が、軽くて強いというひみつの鍵なのである。

　では、これらの技術の世界を少し詳しく覗いてみよう。

第1部 シェルを見る

第1章 ドーム

東京国際貿易センター2号館　隅田川から分岐した運河を隔て、月島の対岸に位置する晴海は、江戸時代までは海であった。その晴海に1955年、埠頭が完成した。未だ、下町の情緒が色濃く残っている月島に対して、晴海のその後の変貌は、実に凄まじい。

　90年代の半ば頃まで、分野を問わず東京で開催される国際的なコンベンションやイベントの会場は、決まってこの晴海であった。その施設も、東京都の晴海地区再開発計画の一環に組み入れられ、さらには、10年このかた臨海副都心を始めとして、近隣地域に巨大な展示施設が続々と開設されて、その座から降りることを余儀なくされた。今や、その姿を跡形もなく消し去ってしまった。

　晴海の施設が東京国際見本市会場と呼ばれていた当時の主展示場が、図1－1に示す東京国際貿易センター2号館であった。

図1-1　東京国際貿易会館2号館　（東京）

　この館は、1959年に竣工し、同年4月、第1回東京国際見本市が開かれ、以降三十数年の長きにわたって産業振興に多大な貢献を果たしてきた。

　ドームは、展示場として必要な無柱の大空間に、直径110m、高さ31m

の冠状球殻の屋根を架け、その球形部の一端を切断して、そこに出入り口と採光の機能を持たせた鉄骨球形シェルである。屋根の曲面は、一辺約3m、厚さ1mの三角形のグリッドで構成した骨組み構造で、切断部は、スパン100mのアーチで補強された曲線美豊かな建造物であった。

キング・ドーム (King Dome) 図1-2は、1976年、アメリカ北西部第一の美しい水郷都市 シアトルのダウンタウンに多目的ドームとして建設されたキング・ドームである。当時、このような建築様式の構造物は、摩天楼が林立するアメリカでも珍しい時代であったのであろう。このドームへの有料のツアーが催されていた。因みに、'78のパンフレットによれば、入場料は大人1.5ドル、12才以下の子供と高齢者は0.75ドルとある。

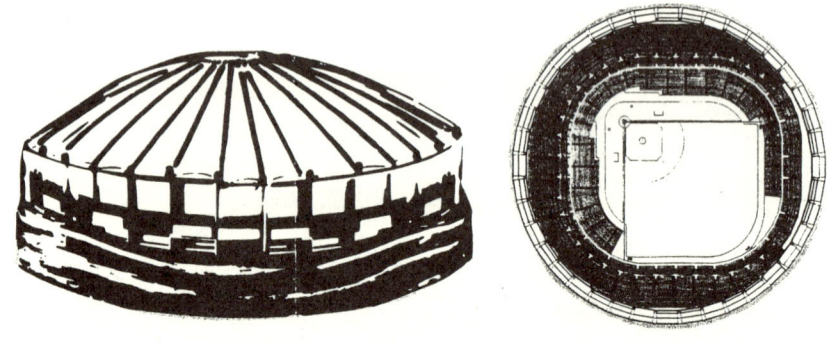

図1-2　キング・ドーム　（シアトル）

この球形ドームは直径 201.6m、地上高 41m の円筒形基底部の上にライズ（シェル下端部から天井までの高さ）33.5m の冠状の球形殻を載せた鉄筋コンクリート構造である。このドームでプロスポーツが開催されるときに

は、8万を超えるシートをもつ大競技場になるという。1998年、70本の本塁打を放ち、28年振りに、メジャーリーグの年間ホームラン記録を塗り替えたマーク・マグワイヤが、1997年、飛距離164mという大ホームランを打ったドーム球場でもある。

アトレウス（Atreus）の宝庫　先の2例は、いずれも、鉄骨、鉄筋コンクリートという近代以降の建築技術によるシェル構造のドームである。ドーム構造の起源は古く、BC16世紀頃からミュケナイを始めとしてギリシャ各地に構築された穹窿(きゅうりゅう)（弓形または半球状をなす形）墓という墳墓で、100ヶ所余りで発見されている。この構造は、石や煉瓦を積み上げて造る組積構造で、その代表とされるのが、BC13世紀に造られたアトレウスの宝庫である。

(a) ドーム内部

（b）断面模写図

図1-3　ドームの起源と目されているアトレウスの宝庫（ギリシャ）

[出所：体系世界の美術　第4巻、学研]

　この穹窿室は、切石を少しずつ中心に向かって送り出しながら積み上げ、次第にせばめていく迫持式（せりもちしき）（両側から倒れかかり合う部分相互の圧縮力を利用して空間を覆う構造様式）で、天端が少し尖った円錐形をなしている。この形式のものを「持ち送りドーム」という。33層の石積みをした墳墓は高さ13.2m、スパン14.5mの無柱空間で、丘の側面を円形に掘り下げ、そこにドームを築き、その上を土砂で覆っている。

　このような堅牢で、円形をした大規模な空間構造物は、2世紀に入ってパンテオンが建造されるまで見当たらない。

パンテオン（Pantheon）　本格的なドーム構造の原点といわれるものは、AD135年 古代ローマで、政治家であり建築家でもあったパドリアヌス帝によって建造された組積ドームの神殿、パンテオンである。この建造物は、図1－4に示すように、高さ約30mの円筒形の躯体上に、直径43.2mの球が内接する半球ドームを頂いた円堂と、その前面に取り付けられた柱廊とで構成されている。円堂の内部は、ドームの頂に設けた直径8.9mの天窓から差し込む光で、ほの明るく照らされ、幻想的な雰囲気を醸し出している。ドームは、木製の型枠を組み、軽石を骨材としたセメントを打設したもので、壁

—10—

の厚さを上に向かって徐々に薄くし、開口部近傍では1.5mの厚さである。内面は格子天井のように縦横のリブを残して厚みをえぐり、重量の軽減が図られている。また、ドーム下端部には、外側に7段の階段状のリングを回してコンクリートの断面を厚くして、スラストによる裾の広がりを抑えている（図1－5参照）。

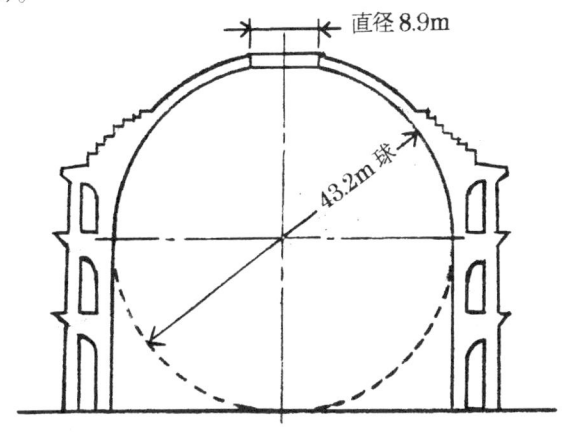

（a）スケルトン図

（b）内部

図1-4　パンテオン（ローマ）

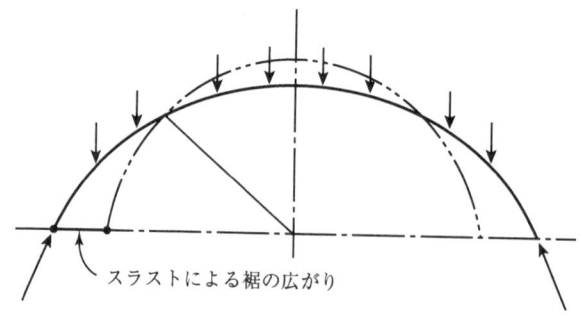

図 1-5　自重によるドームの変形

サン・ピエトロ大聖堂（San Pietro Cathedral）　裾広がりの問題は、ミケランジェロが設計をし、世界最大のキリスト教会として知られるヴァチカンのサン・ピエトロ大聖堂でも起こった。このドームも組積造りで、建造後、100年あまりを経て、それに起因すると思しき縦方向に走るクラックが目立ち始め、18世紀半ばには、崩壊が案じられ、時の法王は、3人の数学者に調査を依頼したという。このとき、数学者らは、材料力学の教科書でなじみの「カスティリアノ（Castigliano）の定理」（付1参照）によって計算をし、その結論に基づいて工事が行われ、崩壊を免れたといわれている。美しい曲線をもち、内径42m、床上の高さ132mのこの大ドームは、ローマ市外はるか遠くから望むことができ、ヴァチカンの象徴として、また観光のスポットとして今日も賑わいを見せていることであろう。

　これらのような組積構造は、20世紀の初め、鉄筋コンクリート工法が開発されるまでの長きにわたってドーム構造の主流であったが、構造物全体が圧縮の状態に置かれる仕組みであるから、継ぎ目でバラバラにならないという特長がある反面、前記の裾広がりや座屈強さに問題を残していた。

　このような技術的な背景によるのか、ルネッサンス様式の建築に対して懐疑的であったスペインの建築家ガウディ(Antonio Gaudi)が、「ドームの壁面を裏返しにすると、反響が改善され、表面の装飾もすっきりする」と批判をしたというエピソードが伝えられている。

(a) 外観

(b) 内部

図1-6　サン・ピエトロ大聖堂（ヴァチカン）

膜構造　ドームの構築には、もう1つ膜構造という技術がある。空間を覆うために、ヤギや羊などの獣皮を外皮として用いる技術は遠い昔から存在していた。これらの皮膜は軽く、丈夫で、防水性があり、柔軟性にも富んでいるから繰り返しの使用に都合がよく、狩猟民族や遊牧民などの間では、移設可能な仮設テントとして今日でも用いられている（例えば、図1-7）。

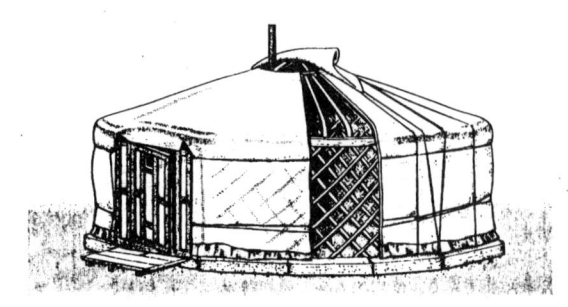

図1-7　蒙古の遊牧民の住居パオ　木の枠組みの上に羊皮を巻きつけた構造で移動可能。屋根の中央上部には換気・採光のための穴が開けられている。

　近代の膜構造の利用は、サーカスのテントに始まったといわれているが、飛行船も膜構造物の先駆的な存在である。有名なドイツの飛行船ツェッペリン号は、アルミニューム合金の骨組みで流線形の船体を作り、それに麻や絹の布を張った硬式構造の飛行船で、浮力を得るために、ガスバリア性がある羊の胃袋を縫い合わせて球状の袋を作り、それに水素ガスを詰めたものを、船内にいくつも並べていた。1900年に第1号機が完成し、第1次世界大戦の中頃までは、実用的な交通機関として評価されていた。

　第2次世界大戦後、テントのように柱を使わず、空気で膜を膨らませて、空間を構成する空気膜構造物が出現した。1938年、アメリカのプランケット（R. J. Plunkett）によって発明され、1950年からデュポン社が工業的生産を始めたフッ素樹脂（商品名　テフロン）は、不燃性で耐候性にも富む熱可塑性プラスチックで、その樹脂でコーティングをしてガスバリア性をもたせたガラス繊維布は、汚れにくいという性質も加わって、初めて、恒久建築用の皮膜材料としての条件を満たすことができるようになり、巨大ドーム実現への道が開かれた。

　材料力学の観点からいうと、膜構造とシェル構造では、荷重に対する抵抗の仕方が根本的に異なっている。シェル構造が圧縮、引張、せん断、曲げに

−14−

よって荷重を伝達できる程度の厚さの壁面をもつ形態抵抗構造であるのに対して、膜構造は、圧縮や曲げ、せん断といった板作用には抵抗することができない。このような不利な点を克服するために、曲がった骨のリブを押し出して布に張りを与えて使う洋傘に見られるように、使用に先立って膜面内に引張応力を発生させて、剛性を高めておくというプレストレス方式がとられる。

しかし、膜構造には、シェル構造にはない優れた性質がある。その最も注目すべきは、石鹸膜のように、与えられた境界をもつすべての面内に膜を架けることができ、しかも、その表面積が最小になるという点である（第5章 5.1.3 極小曲面 参照）。すなわち、膜構造には、境界をもつ面のうちで、最も滑らかな面が得られるという長所が備わっている。

東京ドーム　1988年に完成した東京ドームは、内外気の気圧差によって膜を支える空気膜構造（エアードーム）を用いたわが国最初の多目的ドームである。膜には、テフロンを含浸させたガラス繊維布を用いている。ドームは、スタンドの最上部から空気膜屋根を立ち上げた構造で、スパン（180.6m）に比べてライズが低いので、風荷重が一様な吸い上げに近い分布となり、力学上、有利な構造である（図1-8）。

(a) 外観（1/25の模型）

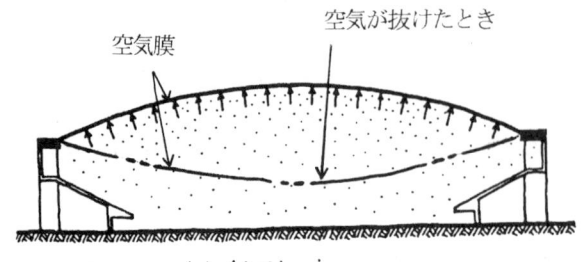

(b) エアードームのメカニズム

図1-8 東京ドーム (東京)

　図1-9に示すように、楕円に外接する長方形を描いたとき、両者の間に位置する幾何学形状をスーパー楕円というが、東京ドームのグラウンドには、このスーパー楕円が採用されていて、スタンドからの眺望が非常によいといわれている。図1-2に示したシアトルのキング・ドームのグラウンド形状と比べると、その違いがよく分かる。

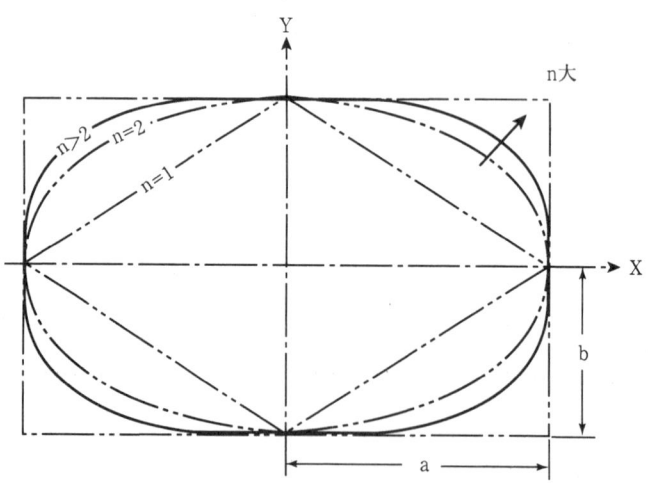

　長軸、短軸をそれぞれx、yとし、$(x/a)^n + (y/b)^n = 1$と表した式において、n＞2のときに描かれる曲線群がスーパー楕円である。因みに、n＝1のときは菱形、n＝2のときが楕円である。

(a) スーパー楕円の幾何学的形状

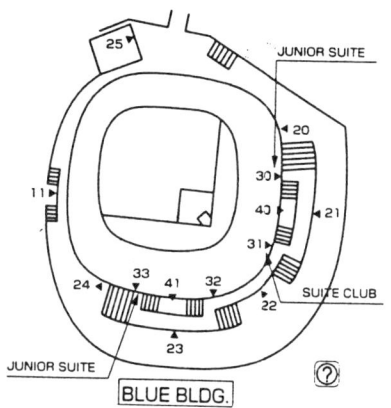

（b）スーパー楕円の形状をした東京ドームのグラウンドとスタンド

図1-9　スーパー楕円

　この東京ドームは、ビッグ・エッグという愛称でも呼ばれているが、膜構造物の先輩格にあたるサーカスの大テントの屋根を、ビッグ・トップ（big top）と呼ぶことから、このようなニックネームが付けられたのであろう。

　また、外皮として用いる膜材の性能の進歩は、飛行船の構造にも変化をもたらし、従来の硬式構造に代わって、膜内にヘリウムガスを封入し、その内圧で船体の形を保つ軟式構造（図4-4(b)参照）が主流となった。

ジオデジック・ドーム（Geodesic Dome）　バックミンスター・フラー（R. Buckminster Fuller）が考え出したシンメトリー構造のドームである。設計コンセプトは、最小のエネルギと最小の資材によって、最高のパフォーマンスと最高の強度を得ることである。ジオデジック（測地線）とは、曲面上で与えられた2点を結ぶ曲線のうち、長さが極小値をとるもののことである。球面では、大円（球の中心を通る平面と球の表面が交わってできる円）の弧である。基本的には、2点を結ぶ曲線を、張力と圧縮力に耐える剛性をもった部材で置き換えて構成したトラス構造体である（図1-10）。

　実際には、部材を滑節（部材の連結点のうち、回転自由なもの）で連結し、

三角形を基本として、五角形、六角形で骨組構造を形成し、力学的な安定性が保たれており、剛性も高い。実例としては、富士山頂の気象観測ドームや1967年モントリオール万国博覧会のアメリカ館などが知られている。

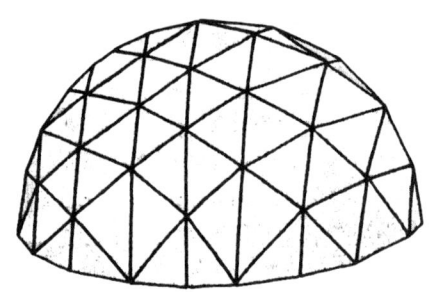

図1-10 三角形の骨組構造のジオデジックドーム

さて、六角形の網目で構成したジオデジックドームでは、ところどころに五角形の格子がはめ込まれる。実は、このような構造様式が参考になって、つぎに説明をする球状炭素分子 C60 の構造解明の手掛かりが得られたといわれている。

C60 1970年、日本の一人の科学者が、その存在の可能性を予言し、1985年に欧米の学者によって発見された炭素結合分子である。

60個の炭素原子が、20個の6員環(ベンゼン環のように、6個の炭素原子が連なった環)と12個の5員環を構成し、全体が正二十面体の頂点を切り落としたサッカーボール形に結合した3次元中空分子である。ダイヤモンドや黒鉛と同じく炭素の同素体である。直径は約0.7nmで、内部に0.5nmほどの空間をもつ殻状の構造をしている。

C60の中にある90個の炭素―炭素結合は、張力と圧縮力とがうまく分散

して釣り合い、力学的に安定した構造となっている。

　なお、C60は、先に述べた理由で、フラーレン(Fullerene)とかバッキー・ボール(Bucky Ball)とも呼ばれている。

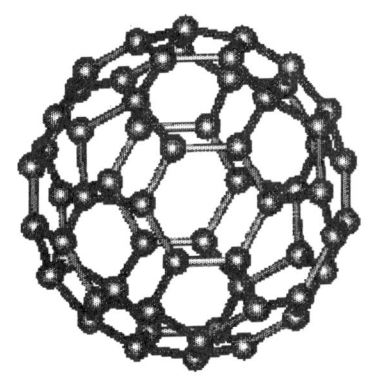

図 1 - 11　C60

第2章 たまご

卵殻 鳥類のたまごの中で、いちばん親しみを覚えるのは鶏卵であろう。「たまご形」というやさしさの響きをもつ言葉があるように、適度な曲率をもった殻の形は美しく、その表面は滑らかで、殻厚は薄く、思わず手を添えたくなるような脆さがある。そこに潜む機能を知ると、神秘性すら伝わってくるようだ。たまごは天賦天然の造形の美しさをもったシェル構造体である。

スペインの画家ダリ（Salvador Dali）も、たまごの美しさに惹かれた一人であろう。有名な「ナルシスの変貌」は、ギリシャ神話の中の美少年ナルシスが自己陶酔の末に、一茎の水仙の花と化した話を画題としたもので、水仙の球根が卵に変貌し、花開く＝孵化するというシュルレアリスム（意識下の世界を探求し、幻想的なイメージを表現するという20世紀初頭に始まった芸術運動）の古典的な作品の1つで、ひときわ異彩を放っている。

図2-1 「ナルシスの変貌」（1937年）部分[出所：世界の名画 22、中央公論社]

かつて、鶏卵の消費量が文化のバロメータとされた時代もあったが、最近は、健康上の問題もあってか消費、価格とも低落傾向が強いといわれている。しかし、たまごの優れた形態や機能の特長は、いささかもゆらぐものではない。

　卵殻は、有機質繊維で編んだ網状組織に炭酸カルシウムが沈着した構造体で、その役割は、たまごの内部を保護することにある。厚さは 0.3mm 程度で、その内側には蛋白質の薄い卵殻膜が密着している。外敵から身を守るに必要な強さをもち、雛が孵るときの殻の割りやすさから、このような構造設計がなされたのであろう。

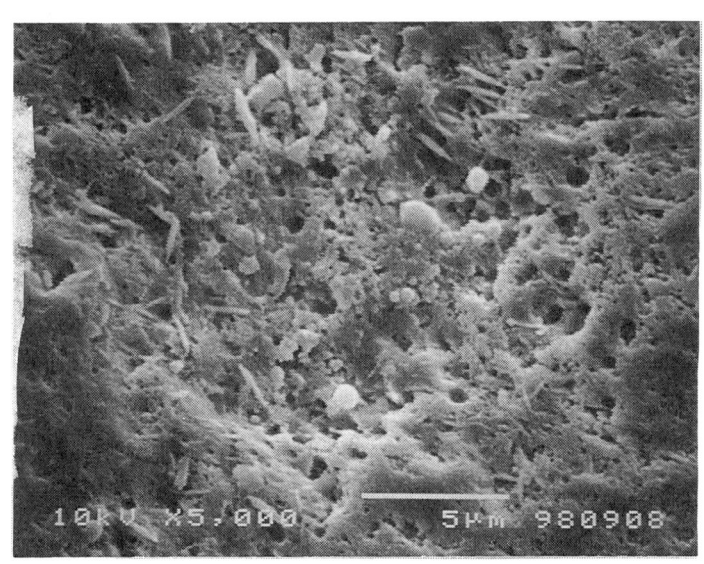

図 2-2　卵殻表面の電子顕微鏡写真

　殻の表面は、内分泌物が付着して乾燥したクチクラという膜で覆われている。クチクラは、かぶとむしやげんごろうなどの甲虫目の成虫の体を覆っている殻と同じ物質で、キチンという多糖類である。その表面にはワックスがかかっていて水が通らないようになっている。産み立てのたまごの殻の表面がざらざらしているのは、このクチクラの膜で、微生物が卵殻から内部へ侵

入するのを防ぐ役割を果たしている。また、卵殻の表面には、数多くの小さな気孔があって、そこから卵黄にある胚の呼吸に必要な酸素を取り入れ、内部で発生した炭酸ガスを排出する。

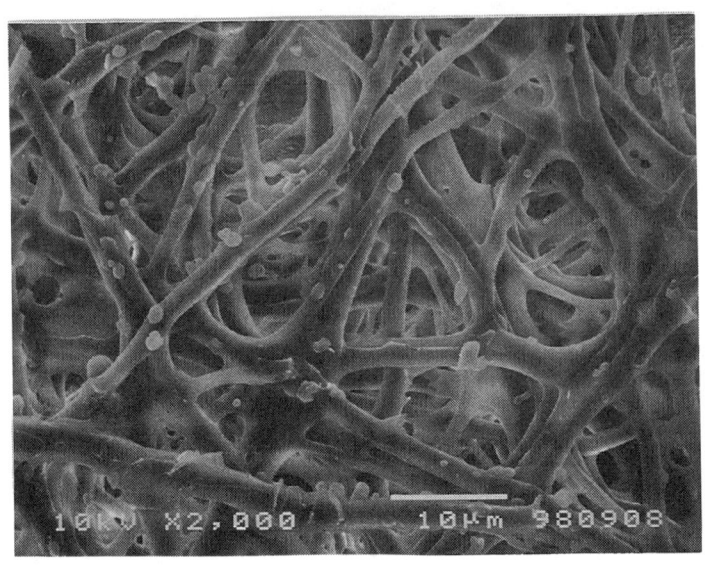

図2-3　卵殻内面の電子顕微鏡写真

　図2-2および図2-3は、それぞれ卵殻の表面と内面の電子顕微鏡写真である。殻の表面には、ミクロン単位の凹凸や無数の孔がある。一方、内面は、付着している薄い卵殻膜を除去すると、表面とは異なって、太さ2～3μm程度の有機質繊維で編んだ網状の組織をなしていることが分かる。

　図2-4は、軽量・高強度の代表的な新素材といわれるものの1つで、航空機や鉄道車両あるいは橋梁・建築物など多方面で軽量化や高機能化の切り札として期待されている炭素繊維強化プラスチック（CFRP：Carbon Fiber Reinforced Plastic）の素材（プリプレグ）の電子顕微鏡写真である。このように単純に配列した炭素繊維を樹脂で固めた CFRP と比べると、この卵殻に見られるバイオデザインが織りなす材料技術は、見事というほかない。

図2-4　CFRPのプリプレグの電子顕微鏡写真

　図2-5は卵殻の断面を撮った電子顕微鏡写真である。直径10数μm、深さ300μm程度の「気孔」が見られる。殻の表面全体では、1万数千個に及ぶ気孔があるといわれている。殻のついたままのたまごに、外部から香味料を浸透させて味付けをした「薫製卵」や、中国古来からの伝統食品とされる「皮卵(ピータン)」はこの多孔質の構造を巧みに利用して作られている。

図2-5　卵殻断面の電子顕微鏡写真

図2-6に鶏卵の殻の平均的なプロポーションを示す。このたまごを平坦な面の上で転がすと、尖った方を中心として、きれいな円を描いて転がり、斜面上では、傾斜の角度や面の状態に応じた大きさの円弧を描きながら転がり、鈍端を下にして止まる。

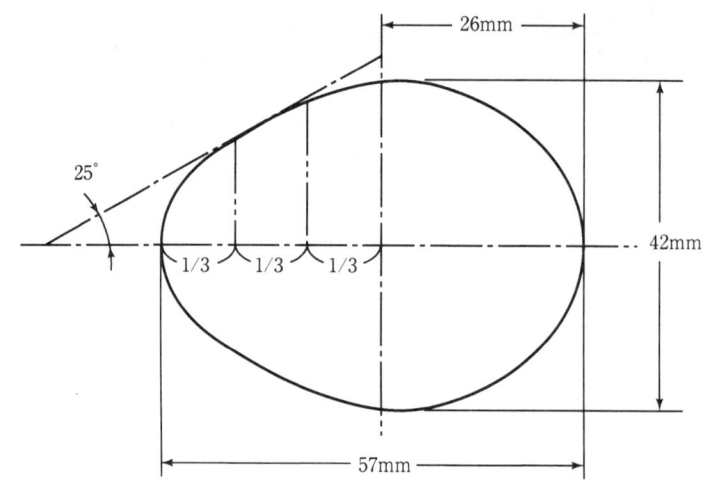

容積：53.0cm³　殻厚：0.26〜0.38mm　表面積：68.0cm²

図2-6　鶏卵の殻のプロポーション［出所：世界大百科事典、平凡社］

ウミガラスの卵　北海道の天売島や松前大島などの島々に、「ウミガラス」（オロロン鳥ともいう）という体長40ないし50cmの海鳥が生息している。このウミガラスは、かならずしも平らになっていない岩だなの上にたまごを産み、そのたまごは、尖端の曲率が鈍端側に比べて著しく大きい円錐形をしている。おそらく、岩だなは狭く、大きい円弧を描いて転がると、眼下の海へ落下してしまうことであろう。自然の摂理が、それを避けるために、転がりの半径を小さくすべく洋梨状に造形をしたことは想像に難くない。これはまさしく自然法則を利用した天賦の創作といえよう。

　イギリスの生物学者　ダーシー・トンプソン(D`Arcy W.Tompson)は、自著「On Growth and Form」の中で、鳥の卵の形をつぎのように5つに分類し

ている。

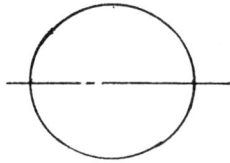

（a）球形

　　［カイツブリ、ウ、ペリカン］

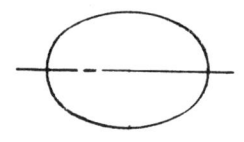

（b）両端が対称の楕円形

　　［フクロウ、ペンギン、カワセミ］

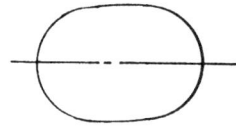

（c）両端が対称の円筒形

　　［ツカツクリ、サケイ］

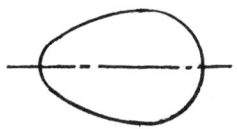

（d）鈍端と尖端をもつ卵形

　　［鶏卵ほか大部分の卵］

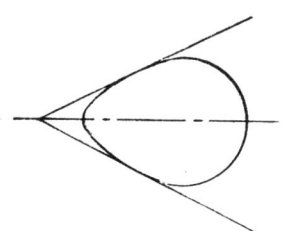

（e）一端が丸く他端が尖った円錐形

　　［ウミガラス、イソシギ、チドリ］

図2-7　鳥の卵の形

　前述のように、ウミガラスの卵は、産卵する環境に適合した円錐形をしている。ところが、同じ円錐形の卵を産むイソシギやチドリの場合は、多少事情を異にしている。これらの鳥たちは、一度に1つの卵しか産まないウミガラスと違って、数個の卵を産むため、親鳥が羽の下に卵を円形に並べて抱卵するに円錐形は好都合なのである。どちらも種の保存のために、最適な形状

としてこの形を選択したのである。

　このように卵の形状は、それぞれの思惑に応じたデザインの結果であるが、親鳥の産卵器官の構造とも密接な関係がある。たまごが卵管を通過する初期の段階では、殻はまだできておらず、卵黄や卵白などの非圧縮流体の内包物を伸長性のある柔らかい薄膜で包んだ状態である。

　その包みは、卵管を下りながら外圧を受け、工程の終わり頃から卵殻の形成が始まり、やがて、球形の端部をもった回転対称殻の固形体となって産み落とされる。殻の長軸方向の断面は円形で、その形状精度は工業製品に劣らぬほど高い。世界一大きいダチョウのたまごは、長さが約 16cm、赤道円の直径は約 12cm で、重さが約 1.4Kg もある。重力の影響を受けてひずみそうに思われるが、赤道円の最大径と最小径の差は 1 ％もなく、ときには 0.1%以下のこともあるという。これは、卵管から殻が受ける圧力が、たまごの重さに比べて非常に高いことによるものと考えられている。

　因みに、ガラス繊維で強化した「強化プラスチック複合管」のJIS規格 (JIS A5350)では、外径 12cm に対して、±0.6%の変動幅が許容されている。ダチョウのたまご並みの許容値である。自然物の精緻さには、驚嘆させられるばかりである。

　この産卵プロセスにおける卵殻の力学状態を数学的に表現すると、つぎのようになる。

$$P_0 + T_1/r_1 + T_2/r_2 = P_i$$

　P_0 は卵殻の任意の点に作用する外圧、r_1 および r_2 はメリディアン上の任意の点における主曲率半径、T_1、T_2 は対応する膜力である。また、P_i は殻内部の圧力である。

　この式は、弾性体殻の膜力の関係式（5－5式）と等価であるが、たまごの式にはダイナミズムがある。つまり、P_i を一定と仮定すれば、左辺の第2、第3項は卵殻の位置によって変わる値であるから、殻が卵管から受ける圧力 P_0 も殻の位置によって変動することとなる。卵殻形成の神秘的な挙動を、この式からも読み取ることができる。

卵の殻は、強いといわれるが、どれくらい強いのか、よくは分からない。球形ドームのような大空間構造物などで、剛性の大きさを評価する尺度として、スパン（あるいは直径）と壁厚との比が用いられることがあり、その値が大きいほど構造体としての剛性が高い。この指数によって、人工物のシェル構造体と剛性を比べてみよう。一般に、球形ドームでは、その値は 300 を超えるといわれている。海溝を探索するために建造され、数千mの深海への潜水が可能な有人潜水調査船しんかい 6500 の乗務員室は、直径 2 m、厚さ 73.5mm の球形殻である。この数値を用いて剛性を表す指数を求めると、27 となる。卵の場合、短軸の直径をスパンとして、それを平均的な卵殻の厚さ 0.3mm で割ると、剛性の指数は、140 となる。鶏卵の殻は、しんかい 6500 と比べると数倍の剛性があるといえそうである。

人工卵形殻　アラビア神話によれば、ロック (roc)という名の巨大な白い怪鳥がいて、爪で象をもち上げて餌にしていたというから、その卵は想像を絶するほど大きかったことであろう。しかし、「話だけで実際にはないもの」を意味する a roc's egg というイディオムがあるくらいだから、これはメルヘンの世界の話なのであろう。

数百年前のマダガスカル島には、エピオルニスというダチョウ目の巨鳥が生息していた。親鳥の体重は 500Kg に達し、卵の重さは 12Kg もあり、長径 33cm、短径 23cm を超える大きさで、楕円形をしていた。現在の走禽類と同様、飛翔力がなく、食用に供されて絶滅をしたが、この卵が史上最大のものといわれている。

これに対して、人工物の中には、直径 22.7m（内径 21.8m）、高さ 33.6m、容積 6800m^3 にも達する、とてつもなく巨大な PC コンクリート製の卵形の殻がある。この殻の内部は、卵黄や卵白などに代わって、人々の生活の営みの証ともいうべき生活汚泥で満タンとなっている。下水処理場から送り込まれた汚泥を攪拌しながら、嫌気性の微生物（空気がない状態で活動することができる菌）の働きによって、汚泥に含まれる有機物を分解して、メタンガ

スや炭酸ガスなどの消化ガスを発生させる消化タンクである。消化ガスは、脱硫装置で硫黄酸化物を除去した後、ガス発電設備の燃料としたり、焼却炉の補助燃料などに利用されている。図2－8は、タンクの断面図とタンク群の写真である。

消化タンクの中心部には直径0.7mのドラフトチューブがある。鶏卵の黄卵は、ねじれた白いひも状の蛋白質でできたカラザというもので、常に殻の中央に位置するように保持されているが、このドラフトチューブは、上中下の3ヶ所でワイヤによって殻の中心部に固定されている。その上端にはポンプが取り付けられており、ドラフトチューブを通して汚泥水（濃度約6％）を還流させながら、有機物の発酵を促進させている。この卵形をした殻の形状は、内部に渦や淀みを生じないポテンシャル流れを発生させるのに適している。有機物の分解に必要な温度 36℃を維持するために必要な熱源には、発電設備からの排ガスの熱が利用されている。

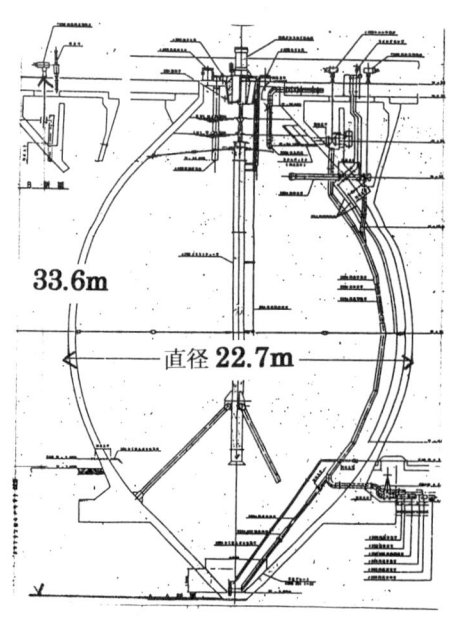

(a) 断面図

(b) タンク群

図2-8 卵形をした汚泥消化タンク[横浜市下水道局 北部汚泥処理センター]

　この巨大な人工卵形殻は、社会生活のインフラとして組み込まれた消化器官、大腸であり、まさしく、エコ・エッグである。因みに、この殻の剛性指数は約50である。

第3章　数学シェル

　東京カテドラル聖マリア大聖堂　ある著名な数学者は、子供たちに数学への関心と興味を抱かせようとして、数学アート（mathematical art）というコンセプトを提唱して、活動をされている。氏が説くところによれば、数学的な事実に基づくものがもつ「真実の美」は、人によらない不偏性があるという。すなわち、公式や公理、定理を基準とした創作物には不偏的な「数学の美」の発現があるという。

　一般に、実用性に重きが置かれる機械構造物のシェルでは、球や円筒などのような軸対称の単純な形をしたものが多い。それに対して、実用性とともに、その造形的な美しさにも大きなウエイトが置かれている建造物には、建築家の独創性に強く根ざした特有の美しさとともに、不偏的な「真実の美」を窺い知ることができよう。その典型的な例を東京カテドラル聖マリア大聖堂の聖堂と鐘塔に見ることができる。いずれも、双曲放物面（HP：Hyperbolic Paraboloid）を壁面に用いたシェル構造物である。図3-1は、目白通りに架かる陸橋から眺めた大聖堂周りの景観である。

図3-1　東京カテドラル聖マリア大聖堂（東京）　中央が聖堂、左端が鐘塔

カテドラルとは「カテドラ」がある教会のことで、司教が自分の教区内にいる信徒を教え導き、儀式を司式する際の「着座椅子」をギリシャ語で「カテドラ」という。聖堂は、高さ 39.4m、壁の厚さが 12cm の HP シェル 8 面を地表面よりほぼ垂直に立て、互いにもたれ合うような形で接合させた構造で、上端はクロス状を呈し、大十字架を象っている。一方、鐘塔は、高さ 61.68m の HP シェル構造で、4面の双曲放物面が接合してできた4つの稜線は直線をなして天空に向かって真っ直ぐに伸びている。

　図3－2にも、数学的な美しさがよく表されている。

図3－2　双曲放物面の壁面が組み合わされた聖堂

壁面には線織面の母線が走り、足元には双曲線の2分枝の一つが描かれている。

双曲放物面と一葉双曲面 双曲放物面には、「2方向で曲率がゼロであり、その方向は表面上のすべての点で同じである。」という性質がある。従って、その方向に平行な垂直断面はすべてが直線となり、表面上には、2方向に走る直線群を描くことができる。このように、ある条件のもとで、直線（母線）の両端を、2つの別の曲線（導線）上に載せて、平行に滑らせたときにできる面を線織面（ruled surface）という。2つの曲線が空間的に傾斜した直線のとき、図3－3（a）に示すように双曲放物面を形成することができる。聖堂の壁面に見られる等間隔に配置されたリブ状の直線群は、線織面の母線に相当するもので、壁面の美しさを際立たせている。また、図3－2に見られる聖堂の壁面と地面との交線は、数学の教科書にあるとおり外向きの曲率をもった双曲線の2分枝である。

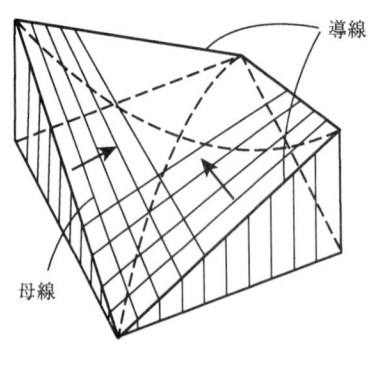 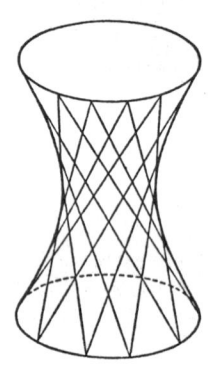

　　　　（a）双曲放物面　　　　　　　（b）一葉双曲面

図3-3　線織面

双曲放物面と並んで、美しい2次曲面に一葉双曲面がある。阪神淡路大震災の際、ほとんど被害を受けることなく、最初に明かりを灯したのは、骨組構造で造られた一葉双曲面の神戸ポートタワー（図3－4）であったという。この2次曲面は工業プラントにも取り入れられており、セメント・プラントやクーリング・タワーなどにその例を見ることができる。一葉双曲面も線織

面の1つで、図3-3（b）に示すように、空間的に平行に配置された のリングの円周に沿って傾斜線を滑らせて創成することができる。また、上下の円形リングが剛であるとし、その側面に平行な伸縮可能な紐が密に固着されているものとして、2つのリングを互いに反対方向にねじっても、一葉双曲面を作ることができる。リングを前とは逆の方向にねじっても同じ形になるから、リング上の各点を通る母線は2本ずつあることが分かる。

　線織面には、伸び縮みさせずに、1つの平面上に展開できる面（可展面）と、できない面（ねじれ面）がある。双曲放物面と一葉双曲面は、ともにねじれ面である。一般に、面の剛性は、その面を平らにしようとする、すなわち、面の曲率を減らそうとする変形に対する抵抗から生ずるもので、ねじれ面をもつシェルは、可展面のシェルに比べて剛性が高い。双曲放物面および一葉双曲面の曲面形状について補足説明を付5に付記する。

図3-4　神戸ポートタワー（神戸）

鋼のパイプを線織面の母線として組み立てられている。

すばる 150億光年の宇宙のはてを観測して、宇宙史の未知の部分を解明しようと、大形反射望遠鏡「すばる」が、文部省国立天文台の手によってハワイ島マウナケア山頂（標高4200m）に設置された。その「すばる」から、1999年1月28日、お披露目として、オリオン星座の鮮明な画像が、ファーストライトを待ち望んでいた天文ファンの前に届けられた。

「すばる」の主鏡は、口径8.2m（畳32畳敷の大きさ）、厚さ20cmの超低熱膨張ガラスで作られた1枚鏡である。4年間磨き続けて、平均研磨精度を0.012μmに仕上げられた放物面をもつ凹面鏡である。主鏡の重量は22.8tもあり、背面に設けた261本のアクチュエータと、3ヶ所の固定力フィードバック機構によって支えられている。各アクチュエータには、光軸と鏡面方向のそれぞれに数グラムの力誤差の検出可能なセンサーが取り付けられており、その検出信号によって支持力が制御される。望遠鏡の姿勢制御に伴って起きる自重の方向変化や、温度変動による鏡面の変形は、荷重情報としてコンピュータに入力されて、適切な支持力の指令値がアクチュエータに送られ、鏡面は常に最適の形状に保たれる。

主鏡の放物面は、rz平面上の放物線 $r^2 = 4fz$（f：放物線の焦点距離）を z 軸の周りに一回転して得られる曲面である。

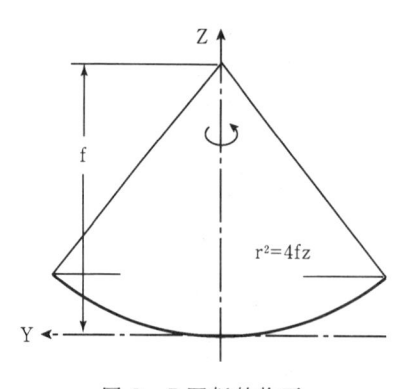

図3-5 回転放物面

放物面鏡には、放物線の幾何学的な性質によって、光軸に平行にくる光線を1点に集め、球面収差を生じない。また、反射鏡であるから光がガラスの

中を通らないから、色収差も生じない。図3-6は光学系の概念図である。

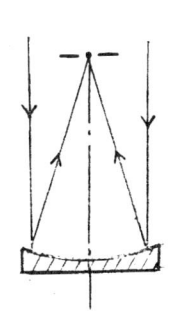

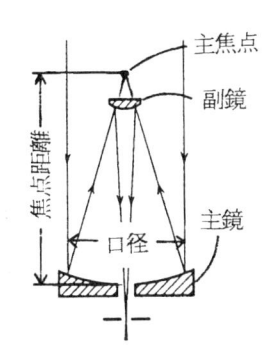

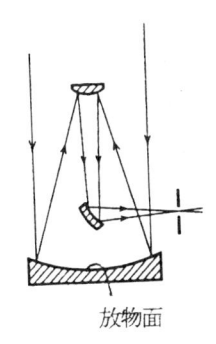

(a) 最も視野が広く
宇宙の広角写真
の撮影に向いた
主焦点観測

(b) 最もポピュラー
な光学系
カセグレン焦点
観測

(c) 望遠鏡がどちらを
向いても観測しや
すく、高倍率にの
ナスミス焦点観測

図3-6 観測目的に応じて切り換える「すばる」の光学系

これまで世界最大の大きさを誇っていたのは、1947年に建設されたアメリカ・パロマー天文台の反射望遠鏡（口径 5.08m、厚さ 60cm）である。これと比較をすると、「すばる」の主鏡の口径と厚さとの比は格段に大きい。因みに、剛性指数は41.5となる。

薄肉シェルの構造解析では、主曲率半径に対する肉厚の比が5〜0.2%程度の曲面体を対象としている。「すばる」の場合、主鏡の諸元から2つの主曲率半径を計算すると、いずれもほぼ30mである（付2（例1）参照）。従って、肉厚との比は約 0.7%となり、この主鏡もシェル構造体ということができよう（5.2参照）。

第4章　バイオニクス・シェル

貝殻　生物の世界では、原理原則を立て通すのではなく、環境に応じて身の振り方や行動を決め、それに成功したもののみが進化を遂げてきた。つまり、自然界では、自らを環境に対して最適化するように設計をして、形状が決定されている。それが一番合理的であり、経済的なのであろう。このポリシーを頂戴しようとしているのが、人工物設計におけるバイオニクス・デザインである。

数多くの生物の中でも、貝殻は文字どおり、シェル構造物の第一人者である。人工物のシェルは、構造物が一旦完成すると、その寸法を変えることは、殆ど不可能である。しかし、貝殻には、軟体部の成長につれて、殻の形を変えることなく、寸法を大きくすることができるという技術が備わっている。

ハマグリやアサリなどの二枚貝や巻貝の殻は、巻き幅が一定の比率で増加する対数らせん（等角らせんともいう。付7参照）という巻き方をして、サイズが増しても形を変えることなく、相似形状の成長をすることができる。これは、軟体動物特有のもので、軟体部を覆う筋肉質の膜から、貝殻成分を分泌させ、それを先端部に付着させて殻を成長させるというメカニズムである。貝殻は、成長するシェル構造物といえよう。図4-1は、成長曲線がはっきりと分かる巻貝の一種　ウズラガイの殻である。殻は丸くて薄く、表面には、成長方向と平行に、太く真っ直ぐに盛り上がった螺肋と呼ばれる筋が見られる。

図4-1　ウズラガイ

二枚貝は、機械的な刺激に際して、殻の前後にある2つの閉殻筋（貝柱のこと）を収縮させて、背側にある鉸歯（左右の殻の合わせ目になる歯のような部分）を軸として殻を閉じ、外敵などの攻撃から身を守る。この際、殻の周縁に作用する反力に耐えるように、殻は曲面をなし、シェルの形状を呈している。

オウムガイ（Nautilus）　つぎの図は、生きている化石といわれるオウムガイの殻を真っ二つに切断して、その内部を見た写真である。

図4-2　オウムガイ

神秘的ともいえる造形の美しさは、遺伝子がなせるワザとしかいいようがない。

　殻は極めて規則正しい対数らせんを描きながら成長している。オウムガイは、南太平洋の水深 200 ないし 400m の深海に住み、イカやタコと同じ頭足綱の仲間で、最も近縁なのが、アンモナイトである。オウムガイの全盛期はアンモナイトよりも遙に古く、4 ないし 5 億年前と推定されている。後から出現したアンモナイトとの生存競争に敗れ、棲家を深海に移したことが幸いして、現在まで子孫を残し続けることができたと考えられている。図を見ると、動物体が入っている殻口部の住房から後方は隔壁によって仕切られ、初期にできた方にいくにつれて、部屋はだんだんと小さくなっている。浮遊と潜水の能力が優れたオウムガイのひみつは、この小部屋にあり、部屋のガ

ス圧によって浮力を調節して、浮遊・潜水をコントロールしている。このオウムガイは、神秘的なまでの美しさの故なのか、なかなかのモテモテ貝で、1954年に進水したアメリカの原子力潜水艦ノーチラス号も、フランスの潜水調査艇ノチル（Nautile）もそれぞれオウムガイの母国語名を取って命名されている。そのノーチラス号の船殻もノチルの球形の搭乗員室もともにシェル構造物なのである。

　図4－3は、スペインの著名な建築家ガウディの終生の仕事となったサグラダ・ファミリア教会（1883年～　）誕生の門の鐘塔に設けられたらせん階段を見下ろした写真である。図4－2のオウムガイの切断面によく似ている。「自然の中に、すべての教科書がある」というガウディの造形理念を彷彿とさせるものがある。ガウディは、設計に先立って、「逆吊り実験」という試行を重ねて、常に、理想的なアーチ形状を求め続けたことでも知られており、シェル構造物の開発の先達でもある。

図4-3　サグラダ・ファミリア教会誕生門の鐘塔のらせん階段（スペイン）
［出所：赤池ほか、ガウディ建築入門、新潮社］

植物細胞と飛行船　植物細胞の大きさは 50μm くらいで、物質の種類によって選択的な透過性を示す柔らかい細胞膜で覆われている。その外側には、引張力に強く、圧縮にも耐えるセルロース繊維を主成分とする細胞壁があり、その厚さは数μm もあって、細胞の形を保ち、内部を保護している。細胞膜の内部には、核や葉緑体やその他細胞小器官といわれる数々の膜構造体がある。その中の一つに、細胞液で満たされた液胞という袋がある。植物の成長につれて、液胞も大きくなる。液胞は高い浸透圧をもっているので、周りから水分を吸収してパンパンに膨れあがって高い内圧をもち、緊張状態を作っている。水は圧縮されても体積が殆ど変わらないから、空気膜構造と同じように、皮膜に与えられた張力が外力に抵抗をする支持構造として体を支えることができる。

　先に説明をした軟式構造の飛行船には、封入したヘリウムガスの圧力で流線形を保っているエンベロープ内に、バロネットと呼ぶ空気袋が備えられている。これは、飛行中の温度変化や気圧変動によってエンベロープのガス容積が変動するのを吸収させるためのもので、付属させたブロワーから空気を供給してバロネットの内圧を一定に保っている。

　植物細胞が液胞の浸透圧で緊張状態を調節できるのにくらべると、人工物の飛行船には、このような複雑な機構が必要である。

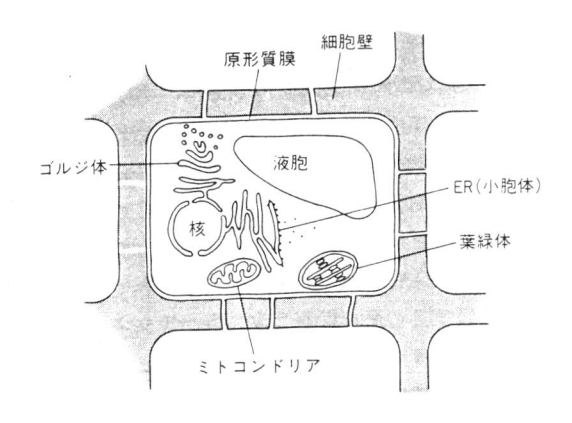

(a) 植物細胞　[出所：神阪ほか、植物の生命科学入門、培風館]

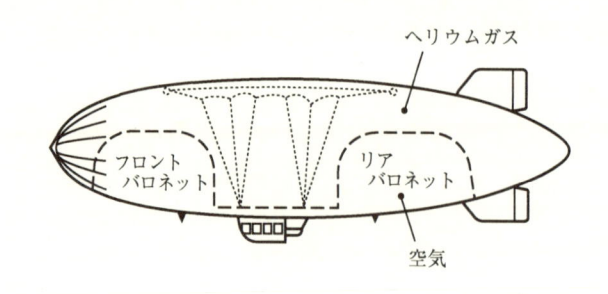

(b) 軟式飛行船

図4-4 液体を充満させた袋で体形を保つ植物細胞と飛行船

マイクロカプセル もう1つ、ハイテクの世界の微小な人工膜構造物を紹介しよう。マイクロマシンの一つとして、開発の成果が注目されている薬剤運搬システム（DDS：Drug Delivery System）の要素にマイクロカプセルがある。このシステムは、治療薬を詰めるマイクロカプセルを細胞膜と同じような構造をした脂質2重膜で作り、それに駆動源として鞭毛モータを取り付けたもので、カプセルが目的の疾患部に到着したところで、外部から超音波やマイクロ波などによる刺激を与えてカプセルを破壊し、治療薬を放出するのである。わが国では、このシステムを用いた遺伝子治療への取り組みが始まりつつある。

鞭毛モータ は、直径 0.2 ないし 5μm の大きさのバクテリアで、動きまわる最小の生物でバクテリア鞭毛と呼ばれる毛をもっている。その生活圏は粘性力が支配する粘々とした世界である。鞭毛は、リードが大きいバネのように、緩やかならせん状を呈している。毛の付け根には、水素イオンの濃度差による拡散現象をエネルギ源として回転するモータがくっついている。そのモータがまわると、鞭毛がくるくると回って、水を後ろに押しやって前進する。

　脂質2重膜の基本的な構造は、1つの分子に、水になじみやすい親水基と、逆に水をはじく性質をもつ疎水基の両方が背中合わせにくっついた化合物で、水に溶けにくく、有機溶剤に溶けやすい「あぶら」状の物質である。このよ

うな性質をもった分子を水の中に多量に溶かし込むと、分子の親水的な部分は水になじむが、疎水的な部分は水を避けようとして寄り集まり、球になったり、膜になったりする。このような膜の人工物をリポソーム（liposome）といい、フラスコの中でも作ることができる。例えば、フラスコの中で脂質2重膜構造をもつリン脂質という物質をクロロホルムで溶かした後、その溶剤を飛ばし、水を入れて超音波振動を与えると、微細な球状をしたリポソームが懸濁した水溶液が得られる。

　図4-5に示したリポソームは、二枚の単分子膜の疎水基が内側に並んで壁を作った、直径25ないし30nm、膜厚4ないし5nmの微小な球体で、この中に薬剤を入れたものが薬剤運搬システムのマイクロカプセルとなる。リポソームは、ある温度（相転移点）以上になると流動性を示し（液晶状態）、それ以下では固くなる（結晶状態）。超音波などによるカプセルの破壊は、この相転移の性質を利用したものである。

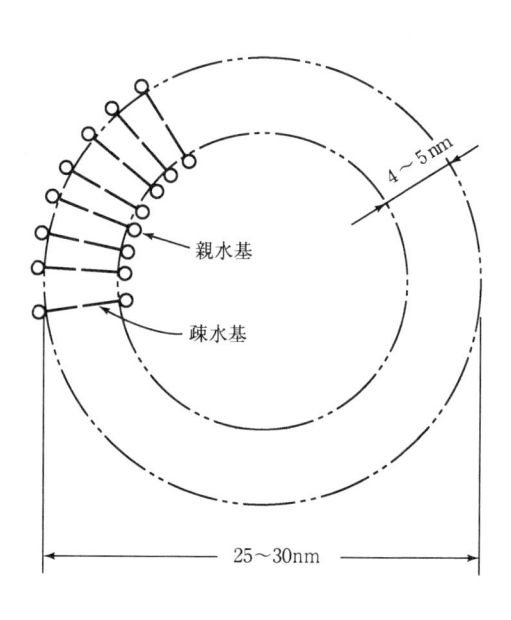

図4-5　リポソーム

第2部 シェルを知る

第5章 シェルの幾何学と力学の基礎

5.1 曲面の分類

5.1.1 曲面の形成法による分類

(1) 回転曲面

1つの平面曲線を同一平面内にある直線の周りに回転させて作る曲面を回転曲面(回転面ともいう)といい(数学的な説明は付6参照)、曲面を構成する母線の形状によって、つぎの3つに分類することができる。

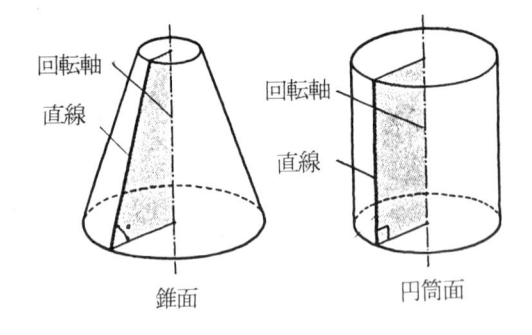

(a) 直線母線をもつ線織面で、一平面上に展開できる可展開面

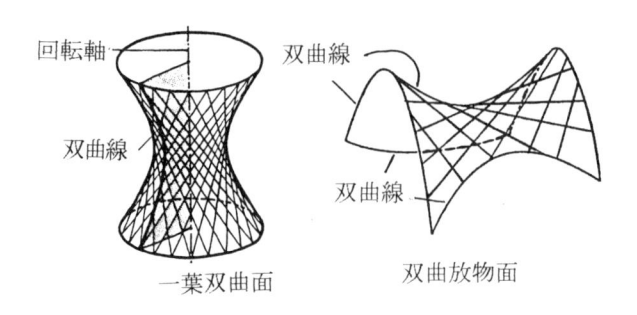

(b) 直線母線をもつ線織面で、一平面上に展開できないねじれ面

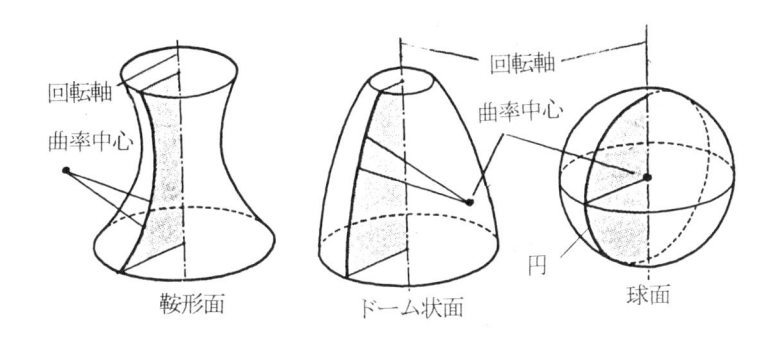

(c) 母線が直線でない曲面一般（複曲面という）

図5-1　回転曲面

(2) 推動曲面

1つの平面曲線（母線）を、それと直角をなす他の曲線（導線）に沿って平行移動させて作る曲面を推動曲面といい、両曲線の曲率中心の位置関係によって、つぎの3つに分類される。

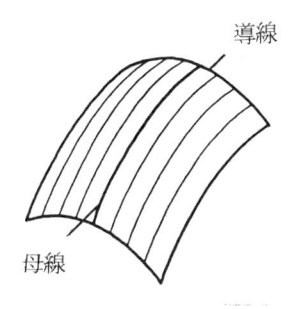

(a) 母線と導線の曲率中心が曲面の同じ側にあるとき

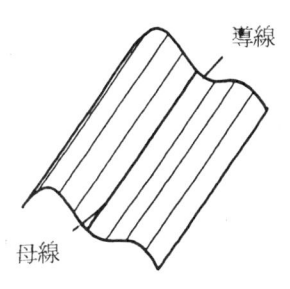

(b) 母線の曲率中心が無限距離（曲率がゼロ）のとき

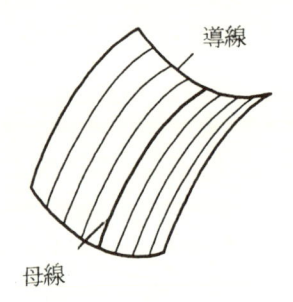

(c) 母線と導線の曲率中心が互いに曲面の逆側にあるとき

図5-2　推動曲面

なお、(b)の曲面で導線が円のときには円筒面となり、(c)の曲面で母線、導線がともに双曲線のときには双曲放物面(付5参照)となる。

(3) 線織面

直線の両端を別の2つの曲線上を滑らせたときにできる曲面を**線織面**(第3章参照)といい、回転曲面の(a)、(b)の曲面や、推動曲面の円筒面などはいずれも線織面でもある。

5.1.2　平均曲率とガウス曲率による分類

曲面上の一点 P に法線 N を立てる(曲面上の各点には、正逆2方向の法線がある)。この法線を含む1つの平面を点 P における法平面と呼ぶ。法線 N を軸として、法平面を回転させると、180度回ったところで元の状態に戻り、点 P における法平面は、無限個あることが分かる。

点 P におけるそれぞれの法平面は、曲面と交わり、その交線を法断面と呼ぶ。その交線の曲率 k を法曲率と呼び、法平面の取り方によって異なる値をとる。

法曲率 k は、平面や球面を除いて2つの方向で最大値 k_1 および最小値 k_2 をとる。この2つの値を、曲面の主曲率といい、それぞれに対応する曲率円の半径を主曲率半径と呼び、r_1、r_2 と表す。主曲率を与える方向を主方向と

いい、2つの方向は直交する。

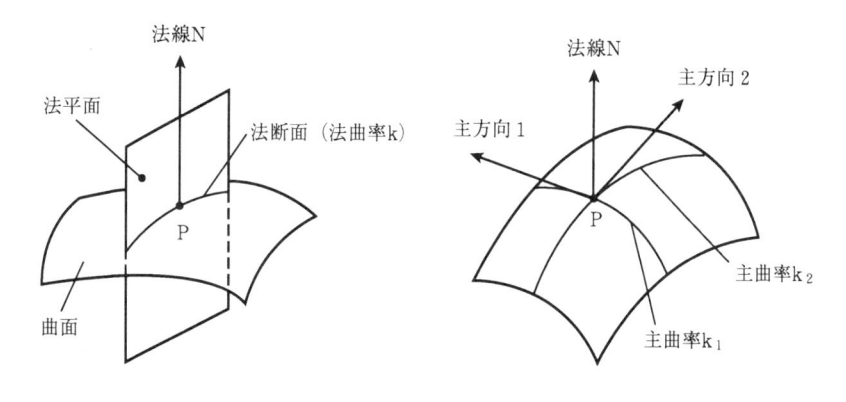

(a) 法平面と法断面　　　(b) 主曲率と主方向

図5-3　曲面の属性の定義

　点Pにおける法断面の曲率円の中心は、法線Nの直線上にある。曲率円の半径をrとし、法線Nを曲率円の中心に向かうようにとったとき、点Pにおける法断面の曲率を **+1/r** と表す。反対向きにとったとき、**−1/r** とする。つまり、法線Nのとりかたによって、曲率の符号が決まる。負の曲率をもつ曲面は、法断面が法線Nから遠ざかりつつ曲がり、正の曲率の場合には法線Nに近づきつつ曲がることを意味している。このような取り決めによって、法断面の曲率kは、曲面の曲がり方の大きさと方向とを併せもつ情報となる。

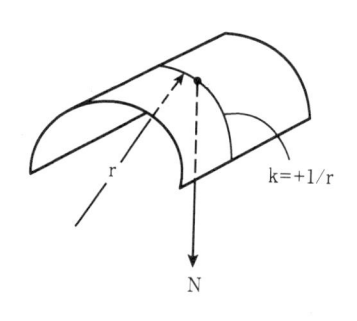

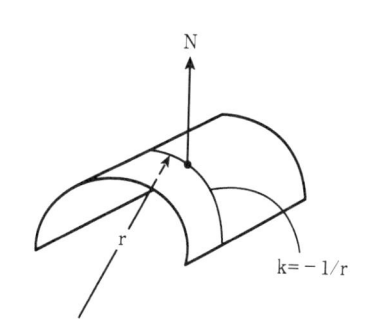

図5-4　曲率の符号

ここで、曲面全体の幾何学的形状や可展開性を議論する際に便利な平均曲率 H とガウス曲率 K の2つの曲率を導入する。

点 P における曲面の平均曲率 H は、2つの主曲率 k_1 および k_2 の算術平均によって定義される。

$$H = (k_1 + k_2)/2 \qquad (5-1)$$

一方、ガウス曲率 K は、2つの主曲率の積として定義される。

$$K = k_1 \cdot k_2 \qquad (5-2)$$

平均曲率 H は、曲面が全体として凹か凸かを表すが、法線 N の選び方によって、符号は正負いずれにもなる。なお、H=0 のときは、5.1.3 項で述べる「極小曲面」となる。

ガウス曲率 K は、曲面の平面への展開のしにくさの程度を表し、絶対値が大きいほど展開しにくく、K=0 のときは展開可能である。符号は、幾何学的形状によって一義的に決まり、正のときは曲面の形状は凹形か凸形となり、負のときには鞍形となる。

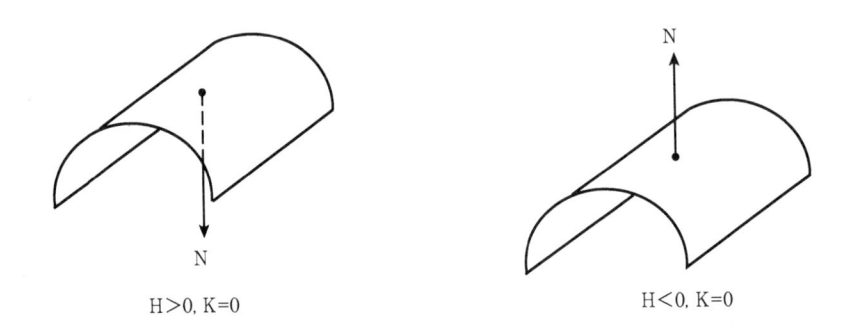

図5-5　円筒面の平均曲率とガウス曲率の符号

平均曲率とガウス曲率の組み合わせによって、曲面形状を次表に示すように、8種類に分けることができる。なお、H=0、K>0 という組み合わせはあり得ない。

	$K>0$ (球面)	$K=0$ (可展開面)	$K<0$ (鞍形面)
$H>0$	$K_1=K_2>0$	円筒面: K_1 または $K_2=0$ 平面: $K_1=K_2=0$	凹型: $\|K_i\|>\|K_j\|$ のとき、$K_i<0, K_j>0$
$H=0$ (極小曲面)			均等形: $K_1=-K_2$
$H<0$	$K_1=K_2<0$	円筒面: K_1 または $K_2=0$	凸型: $\|K_i\|>\|K_j\|$ のとき、$K_i>0, K_j<0$

表5－1 平均曲率Hとガウス曲率Kとの組合せによる曲面の分類

$K=0, H\neq0$ の可展開面には、円筒面の他に錐面および接線曲面（空間曲線の接線が描く曲面）がある。これらの曲面以外には、可展開面は存在しない。

5.1.3 極小曲面

　針金で作った輪に張った石けん膜のように、境界をもつ曲面の中で最小面積の曲面を「極小曲面」(minimal surface) という。

　針金の輪のような任意の形をした閉曲線には、すべて滑らかな膜を張ることができるのであろうかという命題は、「プラトー問題」と呼ばれ、19世紀から20世紀にかけて多くの数学者がこれに挑戦したといわれている。

　極小曲面を幾何学的に特徴づけたのは、１９世紀のフランスの数学者 ラグランジュ(J. L. Lagrange)で、極小曲面は次式（極小曲面方程式と呼ばれている。）を満たすということを立証した。

$$H = 0 \qquad (5-3)$$

　この式がもつ意味は、石けん膜の物理現象から、つぎのように説明をすることができる。

　石けん膜の両側の圧力差 p と膜面上の各点の平均曲率 H とは、力の釣り合いからつぎの式によって関係づけられる。

$$p = TH \qquad (5-4)$$

T は石けん膜の表面張力である。

　石けん膜では、膜の両側に圧力差はなく、p = 0 であるから、境界面つまり石けん膜の平均曲率 H はゼロでなければならないことになる。

　表５－１の曲面形状の分類表に示したように、平面は、$k_1 = k_2 = 0$ であり、前後左右に均等な形状をもつ鞍形は、$k_1 = -k_2$ であるから、ともに極小曲面方程式を満たしている。両者とも極小曲面である。

　球は一定の体積に対して最小の表面積をもつ曲面形状であるが、(5-3)式を満たすことができず、平均曲率一定の曲面であるというに過ぎない。このことは、シャボン玉の物理からも説明をすることができる。シャボン玉の内部の圧力は外側よりも高いから、差圧 p は、p > 0 である。従って、(5-4)式から、H > 0 でなければならず、(5-3)式を満たし得ない。

柔軟なワイヤや鎖のような一様重さの紐の両端を固定して、吊るしたとき、重力の作用によってできる曲線をカテナリー（懸垂線 catenary）という。この言葉は、鎖を意味するラテン語に由来し、17世紀末にライプニッツ（Leibniz）らによってカテナリ曲線の方程式が導かれた。このカテナリをメリディアンとする回転曲面は、懸垂曲面（カテノイド catenoid）と呼び、回転曲面の中では唯一の極小曲面である。

　では、懸垂曲面の平均曲率がゼロであり、極小曲面であることを確かめてみよう。

　カテナリのメリディアン形状は、図5－6（a）に示すとおりであり、同（b）図がカテノイドである。

$$r = (a/2)(e^{z/a} + e^{-z/a})$$

（a）カテナリ

（b）カテノイド

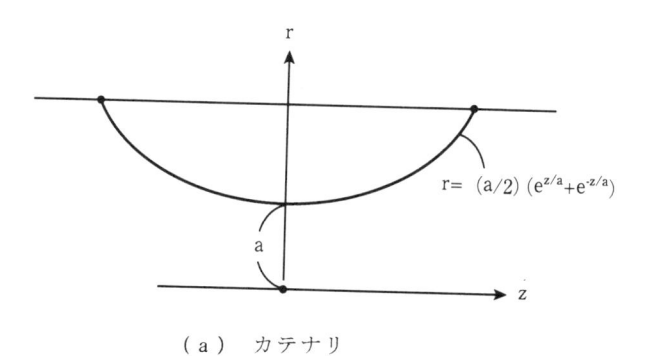

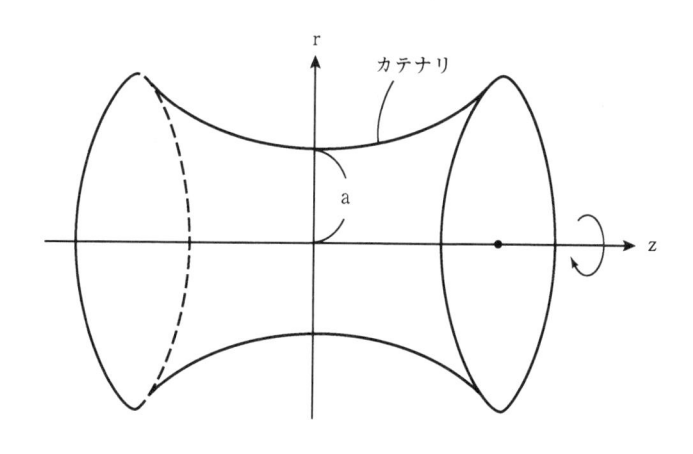

図5－6　カテナリとカテノイド

カテノイドの 主曲率半径 r_1、r_2 は、カテナリのメリディアンを表す式を用いると、それぞれ（付2－2）、（付2－1）式により、つぎのように求まる。

$$r_1 = -a^2\{1+1/4(e^{z/a} - e^{-z/a})^2\}^{3/2}/r$$
$$r_2 = r\{1+1/4(e^{z/a} - e^{-z/a})^2\}^{1/2}$$

両式より、平均曲率を求めると、

$$H = (1/2)\{1/r_1 + 1/r_2\}$$
$$= [-r^2/a^2\{1+(1/4)(e^{z/a} - e^{-z/a})^2\} + 1]/(1/2)[1/r\{1+(1/4)(e^{z/a} - e^{-z/a})^2\}^{1/2}]$$

平均曲率 H=0 が成り立つためには、上式の分子がゼロであればよい。

$$分子 = -r^2/a^2\{1+(1/4)(e^{z/a} - e^{-z/a})^2\} + 1$$
$$= [-r^2 + a^2\{1+(1/4)(e^{z/a} - e^{-z/a})^2\}]/a^2\{1+(1/4)(e^{z/a} - e^{-z/a})^2\}$$

この式にメリディアン形状を表す式 $r = a\{e^{z/a} + e^{-z/a}\}/2$ を代入し、整理をすると、分子＝0となり、懸垂曲面は極小曲面であることが分かる。

　自然界には極小曲面をもつものが沢山ある。蜂の巣もその1つで、正六角形をしたセルが最稠密に並んでいる。個々のセルは隣接するセルと隔壁を共有しており、それらの間には圧力差はない。従って、H=0でなければならず（5－4）式から極小曲面であることが分かる。
　一方、人工物では、建築物の屋根やテントに用いられることが多い。極小曲面を用いた有名な建築物としては、ドイツの建築家フライ・オットー(Frei Otto)の設計による作品がある。1967年モントリオール万国博覧会のドイツパビリオンや1972年ミュンヘン・オリンピック競技場などが代表作である。いずれも2方向ケーブルネットによる吊り構造で、テント様の建築である。

図5-7は、ミュンヘン・オリンピック競技場のスタンドを覆った屋根である。全体を細い2方向のケーブルネットで覆い、巨大なマストと支柱で吊り、下端部を地上に設けた固定点につなぎ、極小曲面を形成している。屋根の被膜は、厚さ4mmの半透明のアクリルガラスで、膜面全体は鞍形の形状をなしている。

図5-7　ミュンヘン・オリンピック競技場の屋根（ドイツ）

極小曲面の工学的応用のメリットとしては、つぎのような点が考えられる。
（1）　極小曲面は見た目に美しい。
（2）　構造物の資材の量を最小化できる。
（3）　鞍形の構造物は、平面上に展開できないねじれ面であるから、変形に対する抵抗力が大きく、剛性が高い。

5.2 回転対称殻の幾何学

今、図5－8に示すように中央面(middle surface)と呼ぶ曲面 S が与えられたとする。

曲面 S 上の任意の点 P を中心として直径 h の球を無数に描くと、それらの球面を包む包絡面（envelope）が殻の壁の両面を与え、h が殻壁の厚さになる。ただし、壁厚 h は、曲面 S の代表寸法、例えば、曲率半径などに比べて十分小さくなければならない（一般的には、数％以下）。

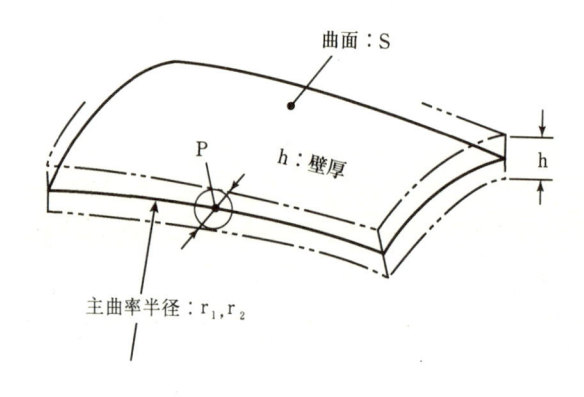

図5-8 殻とは

回転対称殻は、図5－9に示すように、一つの平面曲線 m を、同一平面上にある軸 Z の周りに回転させたときにできる回転面に、厚さ h の壁を張り付けたものである。この曲線 m をメリディアン（meridian 経線）と呼び、その経線と回転軸を含む平面をメリディアン面（経線面）という。

殻上の任意の点 P は、その点を含む経線と、その経線に沿って変化する緯線の座標値を与えることによって定まる。経線の位置は、その基準面から測った角度 θ により、緯線の座標値は、点 P を通る法線 N が回転軸 Z となす角 ϕ によって定まる。ϕ が一定の線を緯線と呼ぶ。

回転対称殻では、経線面とそれに直交する緯線面が、曲面上の任意の点に

おける 2 つの主曲率面となる。経線面内にある r_1 が第 1 の主曲率半径である。P 点を通る法線 N と回転軸 Z との交点 G から P 点までの距離 GP を r_2 としたとき、r_2 は経線面と直交する面内にあり、第 2 の主曲率半径となる。また、点 P を通る緯線は、回転軸 Z に垂直な平行円の一つであり、その半径が r である。

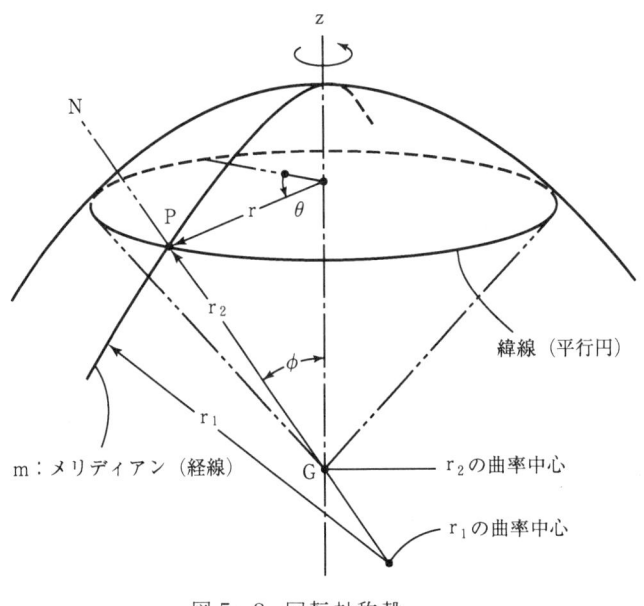

図 5-9 回転対称殻

図から明らかなように、回転対称殻のメリディアンの形状は、平行円の半径 r と Z 軸上の位置 z の関数で与えられるから、それによって 2 つの主曲率半径 r_1 と r_2 を求めることができる（主曲率半径の求め方は付 2 参照）。

5.3 回転対称殻の力学

回転対称殻では、軸対称荷重が作用し、それを軸対称で支えるとき、変形も軸対称となり、膜や壁にはせん断力を生じない。経線と緯線両方向の膜断面に垂直に働く膜力 N_θ、N_ϕ を生ずるのみである。その 2 つの膜力は、と

もに1つの平行円上では一定の大きさである。

　図5-10 は、前節の図5-9のP点に相隣り合う経線と平行円から微小な曲面要素 PP'Q'Q を切り出し、その微小要素に働く力の関係を示した図である。図中、黒矢印で示した記号 p_n、p_ϕ、p_θ は、いずれも単位面積当たりに働く荷重の図示方向の成分である。

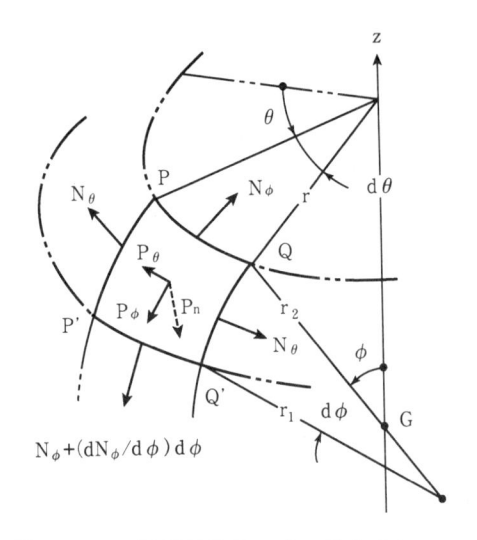

図5-10　回転対称殻の力の釣り合い

　2つの未知量 N_θ、N_ϕ を求めるために、第1の式として、殻の表面に垂直な方向の力の釣り合い式を立て、整理をすると、つぎの式を得る。

$$N_\phi/r_1 + N_\theta/r_2 = -p_n \qquad (5-5)$$

この式は、平板の応力を表す式と違うところで、殻の力学的な特徴をよく表している。すなわち、曲面では、その面に垂直に働く荷重を曲面内に生じる2方向の膜力 N_θ、N_ϕ で受け持つということを示している。

　これは、「曲面効果」によるもので、図5-11 に示すように、膜力 N_θ、N_ϕ はそれぞれ曲率中心に向かう合成力を生じ、それらが外部荷重 p_n と釣り合うのである。また、荷重によって、曲面が平らになろうとする変形を拘束するという効果を併せもっている。

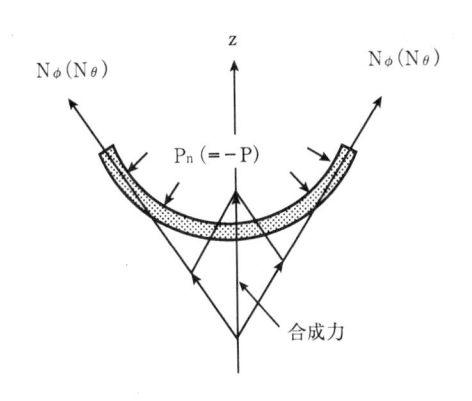

図 5-11　曲面効果

　第2の式として、微小曲面要素のメリディアン方向の力の釣り合い式を立てると、

$$d(N_\phi r)/d\phi - N_\theta r_1 \cos\phi + p_\phi r_1 r = 0 \qquad (5-6)$$

を得る。この微分方程式は、計算がやや複雑であるから、この式に代えて、角度φで定まる平行円よりも上のシェル部分に働く力の釣り合い関係（図5-10参照）を用いると、つぎの式が得られる。

$$N_\phi = -F/(2\pi r_2 \sin^2\phi) \qquad (5-7)$$

ただし、Fは、シェル部分に働く垂直方向の荷重を合計したものである。
　(5-7)式から求まるN_ϕを(5-5)式に代入すれば、もう1つの膜力N_θが求まる（(5-5)式および(5-7)式の算出法については、付3参照）。

（例1）　閉じた回転対称殻に内圧pが働く場合

　(5-7)式に、$F = -\pi r^2 p$を代入すると、

$$N_\phi = pr_2/2 \qquad (5-8)$$

N_ϕ と $p_n = -p$ を (5-5) 式に代入すれば、

$$N_\theta = N_\phi (2 - r_2/r_1) \qquad (5-9)$$

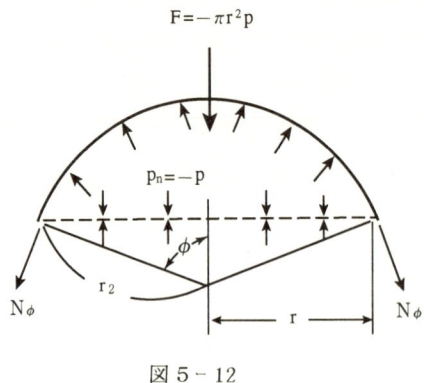

図 5-12

を得る。上の両式が内圧が作用する回転対称殻の膜力計算の公式である。

(a) 球殻では、$r_1 = r_2 = a$ であるから、$N_\phi = N_\theta = pa/2$

(b) 閉じた円筒殻では、$r_1 \to \infty$、$r_2 = a$ であるから、$N_\phi = pa/2$、$N_\theta = pa$

(例2) 自重により生じる半球形殻の膜力

単位面積当たりの自重の大きさを q とすると、(5-7)式のFは、

$$F = \oint 2\pi a \sin\phi \cdot qa\, d\phi$$
$$= 2\pi a^2 q(1-\cos\phi)$$

となり、N_ϕ および N_θ は次式で表される。

$$N_\phi = -aq/(1+\cos\phi)$$
$$N_\theta = aq[1/(1+\cos\phi) - \cos\phi]$$

これらの式から、球形殻の頂点 $\phi = 0$ では、$N_\phi = N_\theta = -aq/2$ となることが分かる。また、N_ϕ は全域で圧縮力となるが、N_θ は頂点から離れるにつれて圧縮力が減少し、ついにはゼロとなり、それ以降、引張力に転じる。$N_\theta = 0$ となる緯線の位置は、右辺の角括弧内をゼロと置けば、$\phi = 51°\ 50'$

と求まる。

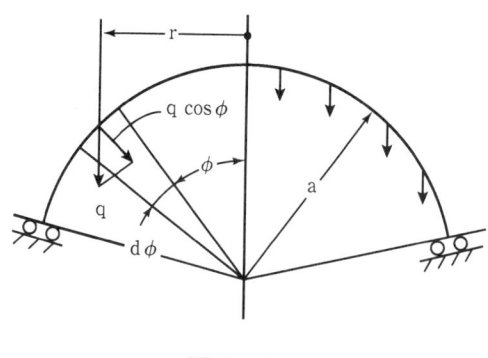

図 5-13

　図 5-14 の右半分は、上記の関係を示したものである。図から分かるように、頂点からの角度が 51°50′ 以下のライズが低い偏平な球形ドームでは、**経線と緯線**両方向ともに圧縮力が働くから、理論的には、石やレンガ積みのように圧縮力に強い材料のみで作ることができる。この場合にも、下端部での支持方法によっては、次章で説明をするように、支持点およびその近傍には、不連続モーメントとせん断力を生じ、引張力が働くことがある。

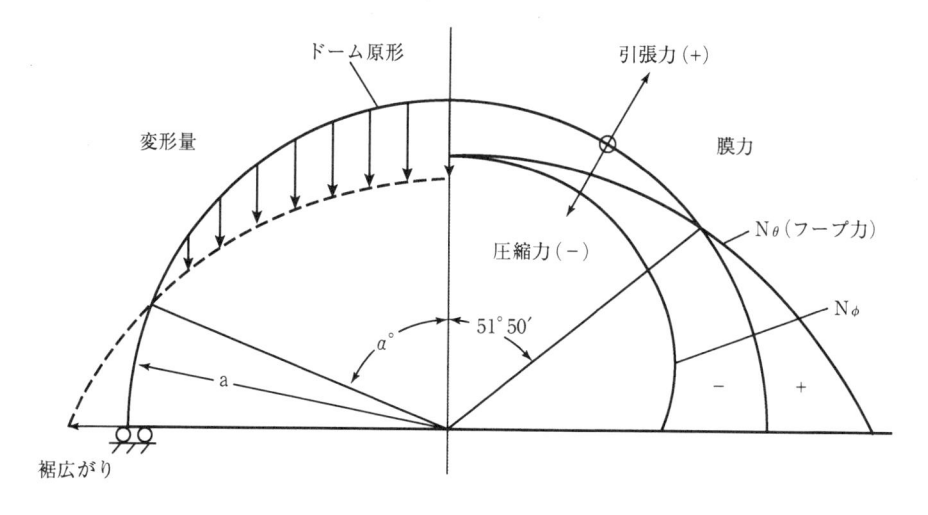

図 5-14　半球形ドームの自重により生ずる膜力と変形
（鋼製ドーム、壁厚一定の場合）

— 57 —

（例3） 半球形ドームと尖頭形ドームの自重により生じる膜力の比較

　古代ローマの代表的なドーム建築には、パンテオンに見られるような半円をメリディアンとした半球形ドームがある。これに対して、11世紀から12世紀中頃にかけてフランスを中心として開花したゴシック建築では、ドームの先端を鋭く尖らせた尖頭形アーチを基本形とした様式が寺院建築に採用された。この尖頭アーチをメリディアンとした回転対称殻が尖頭形ドームである。この様式のドームは、半球形ドームに比して、美的にも優れ、構造上も理に適った形態といわれている。

　半球形ドームの膜力の大きさは、（例2）に示したとおりである。一方、尖頭形ドームの膜力は、つぎの式によって求められる（参考文献2参照）。

$N_\phi = -qa\{(\cos\phi_0 - \cos\phi) - (\phi - \phi_0)\sin\phi_0\}/\{(\sin\phi - \sin\phi_0)\sin\phi\}$

$N_\theta = -(qa/\sin^2\phi)\{(\phi - \phi_0)\sin\phi_0 - (\cos\phi_0 - \cos\phi) + (\sin\phi - \sin\phi_0)\cos\phi\sin\phi\}$

　頂点 $\phi = \phi_0$ では、$N_\theta = 0$ となる。一方、N_ϕ は $0/0$ となって不定形となるが、不定形の極限値を求める微分公式を用いて分子、分母をϕで微分し、$\phi = \phi_0$ と置くことによって、正しい値が求まり、N_ϕ もゼロであることが分かる。

　図5－15は、両様式のドームの形状と壁面に生ずる膜力の値を示したものである。

　半球形ドームの頂点では、ドームの寸法と自重の大きさによって決まる有限の値の膜力を生じ、決してゼロにはならない。その大きさが、構造上の一つの限界を与えることになる。

　一方、尖頭形ドームでは、頂点の膜力は、N_θ および N_ϕ ともにゼロであり、この点に関して、理想的な応力状態である。

　前記の尖頭形ドームの膜力の式で、$\phi_0 = 0$ と置くと、（例2）に示した半球形ドームの膜力の式と一致する。従って、ϕ_0 が有限の値であれば、それ

が非常に小さくても膜力N_θおよびN_ϕはゼロであるが、$\phi_0=0$ となると、膜力は、ともに $-0.5qa$ へと急変することになる。このような幾何学形状のわずかな違いによって膜力の計算値が大きく異なるケースは、膜理論の理論式では、まま現れる。しかし、これは物理的な状態の真実を意味するものではない。実際には、局部的な変形が起こり、それに伴って不連続曲げモーメントによる応力を生じ、膜力の状態に急激な変化を避けるように働くのである（第6章参照）。

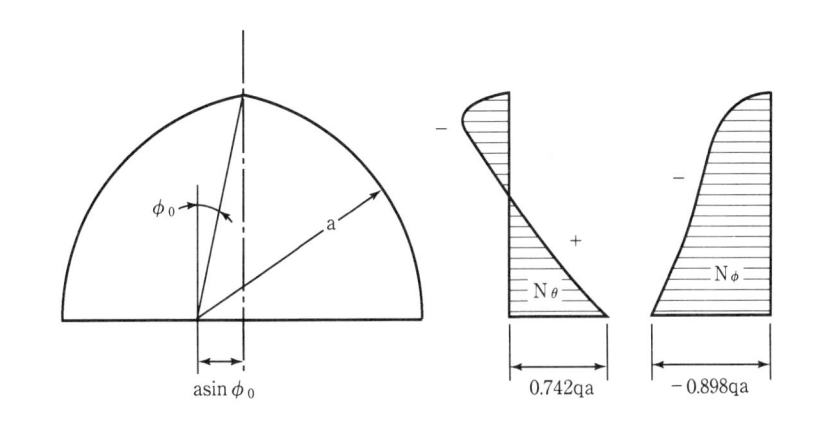

（a）尖塔形ドーム（$\phi_0=10°$）

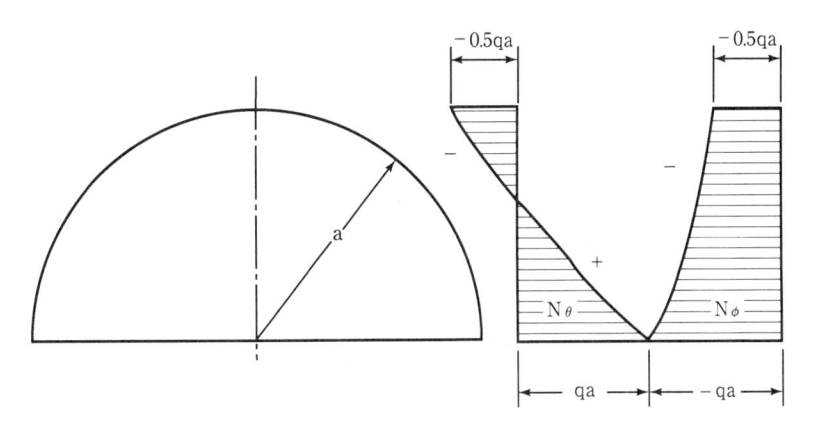

（b）半球形ドーム

図5-15　尖塔形ドームと半球形ドームの自重により生ずる膜力

5.4 回転対称殻の変形

軸対称荷重が働き、軸対称支持の殻では、変形も軸対称となるから、経線に対して接線方向の変形（v）および法線方向の変形（w）を考えればよい。

vおよびwは、つぎの(5-10)および(5-11)式によって表される（式の算出詳細は、付4参照）。

$$v = \sin\phi \left[\int \{f(\phi)/\sin\phi\} d\phi + C \right] \qquad (5-10)$$

ただし、Cは殻の支持条件によって決まる積分定数であり、$f(\phi)$は、つぎの式で表される。

$$f(\phi) = (1/Eh) [N_\phi (r_1 + \nu r_2) - N_\theta (r_2 + \nu r_1)]$$

$$w = v \cot\phi - r_2/Eh(N_\theta - N_\phi \nu) \qquad (5-11)$$

また、殻の垂直方向変位δ_zおよび半径方向変位δ_rは、それぞれつぎの式によって求めることができる。

$$\delta_z = v \sin\phi + w \cos\phi \qquad (5-12)$$
$$\delta_r = v \cos\phi - w \sin\phi \qquad (5-13)$$

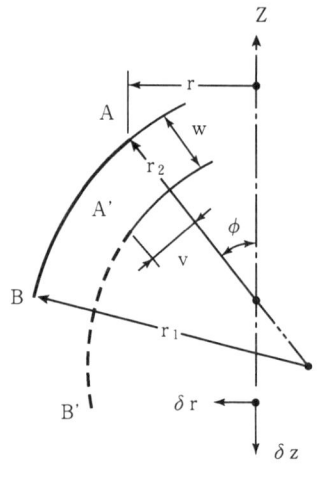

図 5-16

なお、図5-14の左半分は、（例2）の球形ドームの自重による変形量の計算結果を示したものである。この図より、軸からα度にある緯度線は周長に変化を起こさないことが分かる。この角度はドームの形状と殻材料のポアソン比の関数である。

第6章 端をもつシェル

　殻の端部が固定されていたり、曲率が異なる複数の殻が接続されていたり、円筒殻にフランジが結合されているときのように殻が他の弾性体と結合されているとき、殻に内圧や軸対称荷重が作用すると、接合部では相互に変形を拘束し合うために、不連続曲げモーメントとせん断力を生ずる。このような構造をした殻を「端をもつ殻」と呼ぶことにしよう。

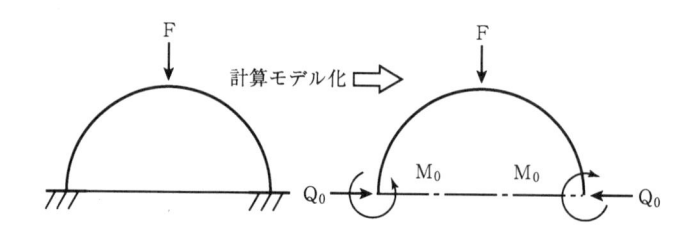

(a) 端部が固定された殻

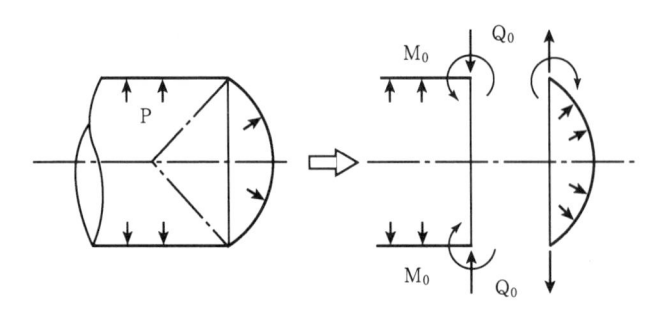

(b) 曲率が異なる殻の結合

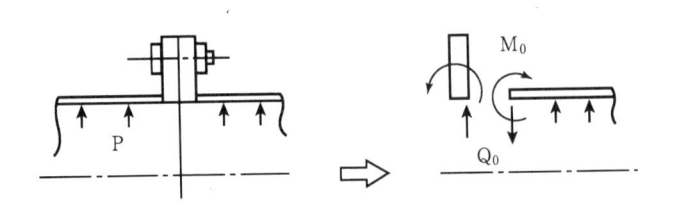

(c) 弾性体と結合された殻

図6−1　端をもつ殻

端のない殻に軸対称荷重が働くときの応力状態の計算は簡単である。例えば、厚さが一様な球形殻に内圧をかけると、殻の壁には引張応力を生ずるだけである。円筒殻の場合でも、無限に長いものとみなすことができるときには（端の影響を無視できるとき）、一様な内圧に対して、円筒を膨らませようとする引張応力（フープ応力 hoop stress）と軸方向の引張応力を生ずるだけである。このような場合には、殻壁には曲げを生じないから、壁の材料は鋼材であっても、ゴム膜であっても、同じ計算法でよい。いわゆる膜理論（membrane theory）を使って、計算することができる。ところが、これらの殻に端が付くと、もはや計算は簡単ではなくなる。端の支持条件のいかんにもよるが、接合部には曲げモーメントとせん断力が発生し、端部近傍の殻壁には余計な応力が加わることになる。

円筒殻端面の閉じ方　図6－1（b）に示すような円筒殻の両端を耐圧壁で閉じた圧力容器には、いろいろな製品がある。その閉じ方も図6－2のように多様であり、その閉じ方によって構造効率に差がでる。

　一般的には、耐圧壁の面に曲率を与えて、接合点が滑らかに接線でつながるようにし、面に垂直に働く圧力を壁面の膜力でとり、接合部に生ずる曲げ応力が極力小さくなるように設計をすることが望ましい。理論的には、接合点における内圧による膨み量が、円筒部と耐圧壁とで等しくなるようにしてやると、曲げ応力を生ずることなく効率的な閉じ方になる。例えば、円筒殻を半球殻で閉じる場合、半球殻の壁厚を円筒部の壁圧の41.2%にすると、接合点での膨み量が等しくなり、曲げ応力を生じない。

　しかし、製品によっては、使いやすさとか他の制約のために、そのような閉じ方ができず、平らな円板で閉じなければならない場合もある。ビール缶の蓋やエアーゾール缶などがその例である。強度上、問題があるからといって、円板にリブを付けて補強をすると、折角の軽量なシェル構造物が重くなってしまう。

(a) 円板　　　(b) 冠状球殻（凹）　　(c) 楕円体殻

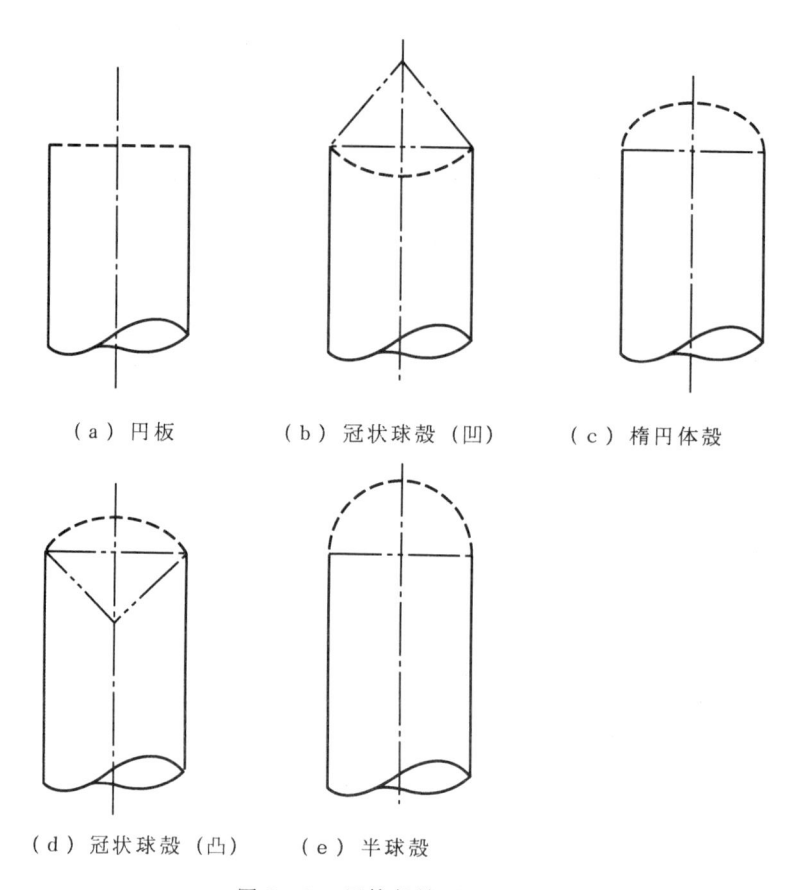

(d) 冠状球殻（凸）　(e) 半球殻

図6-2　円筒殻端面の閉じ方

　たまごや貝殻あるいはひょうたんなどの多くの自然物のシェル構造物では、曲率の大きさが異なる複数の曲面でつなげられており、その結合点は接線で滑らかに結ばれている。人工物のシェルも、結合点の膨み量を等しくするような設計ができない場合には、接線でつながるようにしてやると、応力の乱れが少なくなり、構造効率の良い設計となる。図6-2(c)や(e)がその例である。前者の実例には、石油やLPG搬送用のタンク車両や貨車などがあり、後者には、天体観測ドームがある。第1章で説明をした古代ローマの神殿パンテオンは、円筒形の躯体と半球形ドームが接合した構造体であるから、図6-2(e)の閉じ方に相当する。

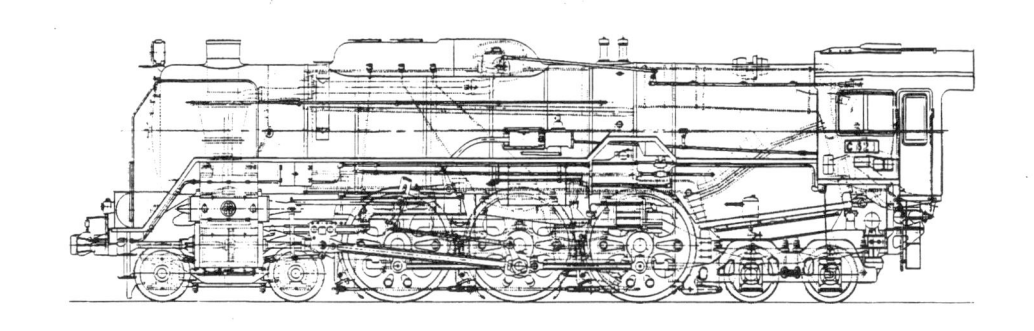

（a） 蒸気機関車 C62　［出所：日本国有鉄道蒸気機関車設計図面集、原書房］

1948年に誕生した国産最大のSLで、特急「つばめ」や「はと」をけん引した。SLには、ボイラを始めとして数多くの円筒形シェル部品が集積されている。

（b） 45t積ガソリンタンク車

図6-3　円筒形圧力容器の実例

　図6-3の実例のように、円筒形の圧力容器では、楕円体殻あるいは、それに準じた形状の耐圧壁で閉じたものが多い。

　どのような形をした耐圧壁であっても、その形状を数式で一義的に表すことができれば、主曲率半径は、（付2-1）式および（付2-2）式によって得られ、それらを（5-8）式および（5-9）式に代入すれば、膜力を求めることができる。

-65-

（例1） 楕円体殻で円筒殻を閉じた場合

　楕円体殻の主曲率半径は、（付2－3）および（付2－4）式より求まるから、膜力はつぎの式で表される。

$$N_\phi = (p/2)(a^4 z^2 + b^4 r^2)^{1/2}/b^2$$
$$N_\theta = N_\phi \{2 - a^4 b^2/(a^4 z^2 + b^4 r^2)\}$$

　赤道上（$z=0$、$r=a$）では、
$$N_\phi = pa/2$$
$$N_\theta = N_\phi \{2-(a/b)^2\}$$
　頂点（$z=b$、$r=0$）では、
$$N_\phi = N_\theta = pa^2/(2b)$$
となる。

　N_ϕは、全領域で正であるが、N_θは、楕円体の形状が偏平になると、負となる領域が現れ、座屈が起きる可能性がある。赤道上では、$b < a/\sqrt{2}$になるとN_θは負となり、形状が偏平になるほど、その範囲が広がる。

　円筒殻の膜力は、$N_\phi = pa/2$、$N_\theta = pa$であるから、接合点における両者の半径方向の変形量が異なり、円筒殻を内向きに、楕円体殻部を外向きに曲げようとするモーメントとせん断力が働くことになり、その差が大きいほど、接合点の近傍に生じる曲げ応力も大きくなる。

　図6－4は、$b=0.5a$の形状をした楕円体殻と円筒殻の膜力と半径方向の変形量を示したものである。接合点の近傍に生じる曲げ応力の計算は、付9に示した水車の接続短管の計算方法にならって行えばよい。なお、半球殻で閉じた場合の計算について、参考文献2に詳細な記述がある。

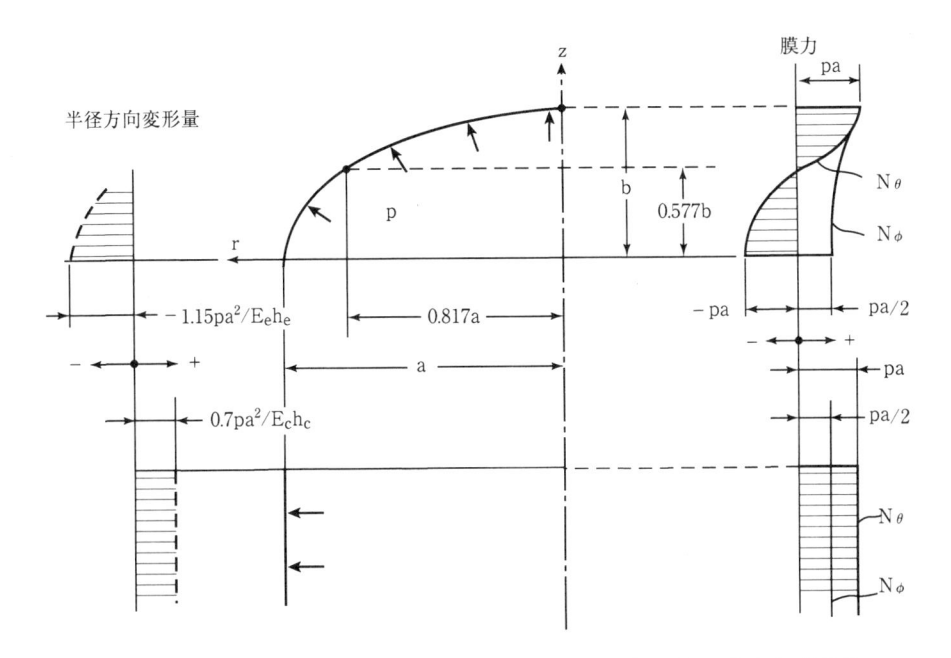

図6-4　円筒殻を楕円体殻（b=0.5a）で閉じたときの膜力と変形量

(例2) カシニ曲線 ($c=\sqrt{2}\,a$) の殻で円筒殻を閉じた場合

　接合点で両者の変形量が不連続になるのを避けるためには、$\phi=90°$ (z=0) で、$r_1=\infty$ となるようなメリディアンをもつ耐圧壁があればよい。この条件を満たす曲線のひとつが、次式で表されるカシニ曲線（cassinian curves）と呼ばれる曲線群（詳細は付8参照）の中にある。

$$(z^2+r^2)^2+2a^2(r^2-z^2)=c^4-a^4$$

　この式は、c をパラメータとする曲線群を表すもので、計算の結果（付8参照）、前記の条件は、$c=\sqrt{2}\,a$ となり、対応するカシニ曲線は次式で表される。

$$(z^2+r^2)^2 + 2a^2(r^2-z^2) = 3a^4$$

$\phi=90°$ ($z=0$)、$r=a$ の点において、主曲率半径 r_1 は（付8－4）式から $r_1=\infty$ と求まり、もう1つの主曲率半径 r_2 は、（付8－3）式から $r_2=a$ と求まる。これらの r_1 および r_2 の値を（5－8）、（5－9）式に代入すれば、$c=\sqrt{2}\,a$ のカシニ曲線をメリディアンとする耐圧壁と円筒殻との接合点における膜力 N_ϕ および N_θ は、

$$N_\phi = pr_2/2 = pa/2$$
$$N_\theta = pr_2\{1-(r_2/r_1)\} = pa$$

と求まり、ともに円筒殻の膜力と一致し、接合点における膜力の連続性が得られることになる。

内圧が作用する円筒殻を、$c=\sqrt{2}\,a$ のカシニ曲線で閉じた耐圧壁各部の膜力は、（5－8）および（5－9）式に、（付8－3）式の r_2 ならびに、（付8－4）式の r_1 を代入すれば、つぎの式で表される。

$$N_\phi = pr_2/2$$
$$= pa\{a^2(z^2+r^2)\}^{1/2}/(z^2+r^2+a^2)$$
$$N_\theta = N_\phi\{2-(r_2/r_1)\}$$
$$= N_\phi[2-\{3a^2(a^2-r^2+z^2)/(z^2+r^2)(z^2+r^2+a^2)\}]$$

これら両式から、N_ϕ、N_θ は、ともに全域で正であり、円筒殻との接合点における両者の膜力が等しくなることが分かる。図6－5に、カシニ曲線の形状と、内圧 p が作用するときの膜力の計算結果を示す。

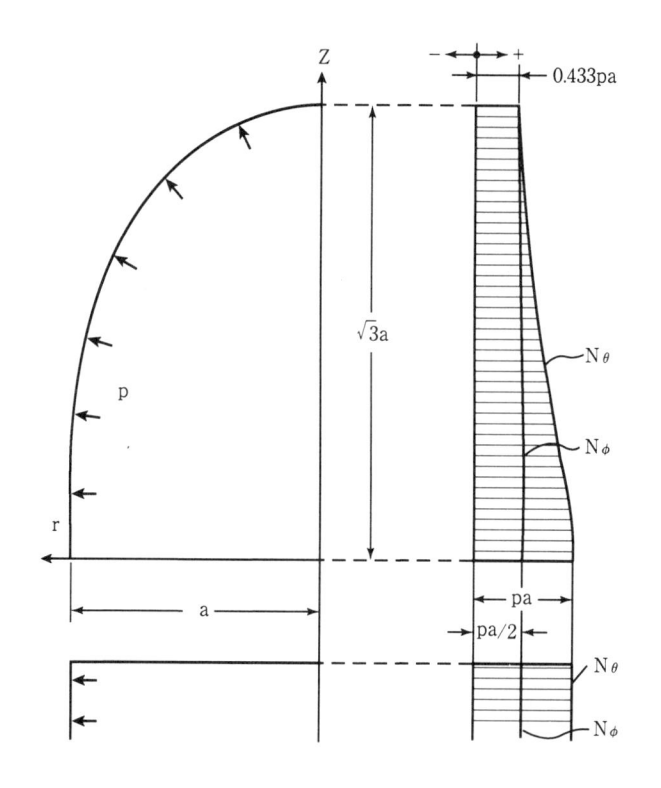

図6-5 カシニ曲線の殻（$c = \sqrt{2}\,a$）と円筒殻との結合

ビール缶 ビール缶をよく観察すると、蓋も底も図6－2（a）、（b）のような単純な接合ではなく、巧妙なデザインがなされていることが分る。これをシェルの目で分析をしてみると、概ね、図6－6のようになっている。

蓋、胴そして飲み口部のプルタブは、それぞれの機能に応じて適切な材料が選択されており、形状は材料力学上の細かな配慮がなされている。この缶を設計された製缶メーカーのデザイン・コンセプトを知る由もなく、設計の詳細を語ることはできないが、このハイテク缶を次のように捉えることができよう。

蓋は機能上、平板を採用し、胴部の材料よりも強度が高く板も厚く、プルタブを引き上げたときの切れが良いようにマグネシューム含有量4～5％のアルミニューム合金が用いられ、胴の先端部を巻き締め加工で接合し、密封をしている。

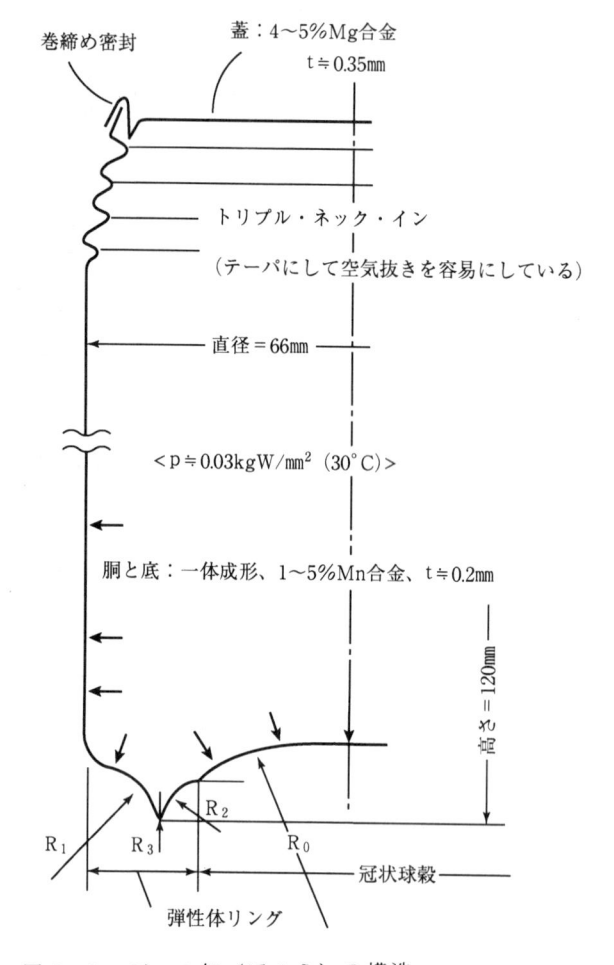

図6-6 ビール缶（アルミ）の構造

　胴と底は、伸びが大きくて、深絞り一体成形加工に都合がよい1～1.5%のマンガンを含むアルミニューム合金が用いられている。胴の底は内に向かって凸にした冠状球面として剛性を高め、胴部とは、曲率の大きさと方向が異なる3つの小さな曲面で滑らかに結び剛性を高めた弾性体リングを介して接続している。一方、上端部は、テーパ状にして、そこに3つの波形を形成し、圧力容器としても、缶を積み重ねたときの座屈に対しても（図8-4参照）、所要の強度を確保している。

水車入り口の接続短管　大形の端をもつ殻の事例として、図6－1（c）に相当する水力発電所の水車入り口の接続短管を取り上げよう。

一般に、水力発電所では、ダムと水車は水圧鉄管（ペンストック）を介して結合されおり、それを通して高い位置のエネルギーをもつ水が水車に供給される。その水圧鉄管と水車入口弁との間には、文字どおり短い接続短管が設けられている。これは水圧鉄管と水車の供給者が異なるため、水車メーカ側が供給する接続短管によって両者の製造分担を取り決めるためのものである。接続短管の一端は、フランジ―ボルト接続で水車入口弁と、他端はペンストックと溶接で接続されている。

図6－7は、1965年に竣工した半地下式円形のY水力発電所のレイアウトを示す水平断面図である。この発電所の最高有効落差は97.4mで、総延長475mの水路末端に位置する接続短管は、直径3.2m、管長1.5mの端をもつ円筒殻である。

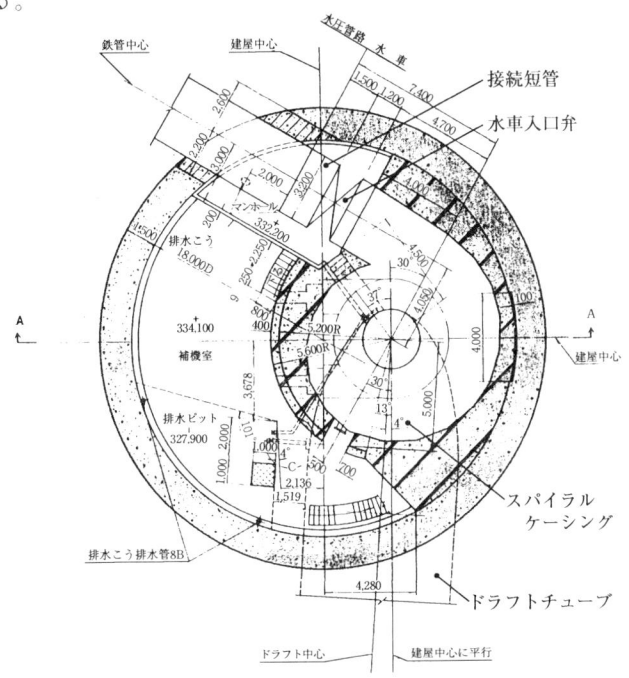

図6-7　Y水力発電所の水平断面図

水車には、位置エネルギをもった水を回転部（ランナー）に供給するための円環状殻のスパイラルケーシングと、仕事を終えた水を放水路へ導くドラフトチューブという2つの大きなシェル構造体がある。

図6-8は、端の影響を考慮して、接続短管の応力解析をした結果である。図から明らかなように、接続端部に生ずる曲げモーメントの影響は、水車入り口弁との接続フランジの接合点から短管半径aの約1/3と端部の極く近傍の範囲に留まっていることが分かる（計算の詳細は付9参照）。

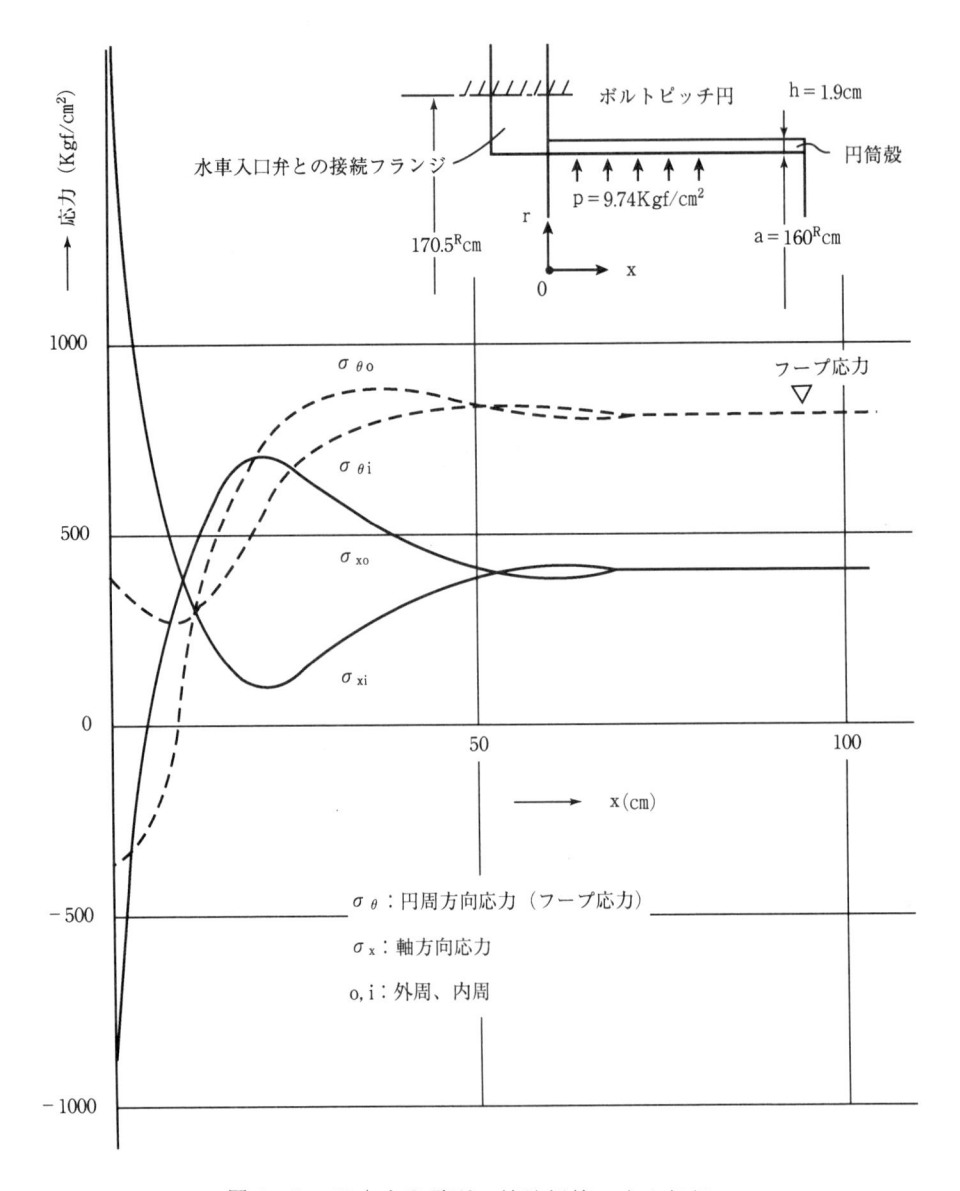

図6-8　Y水力発電所の接続短管の応力解析

― 72 ―

第7章 シェル構造物の剛性の比較

シェル構造物の剛性の比較をするため、前記の指数（＝直径やスパンなど曲面の代表寸法と壁厚の最小値との比）を用いて各種のシェル構造物の指数を求め、分析をすると、図7-1に示すような形にグループ化することができる。図から明らかなように、曲面代表寸法の増加につれてその指数を増すが、全体としては、台所廻りにあるような寸法が比較的小さい一群、紙器を含む生物シェル、ならびに工業用人工物群の3つに大別できる。

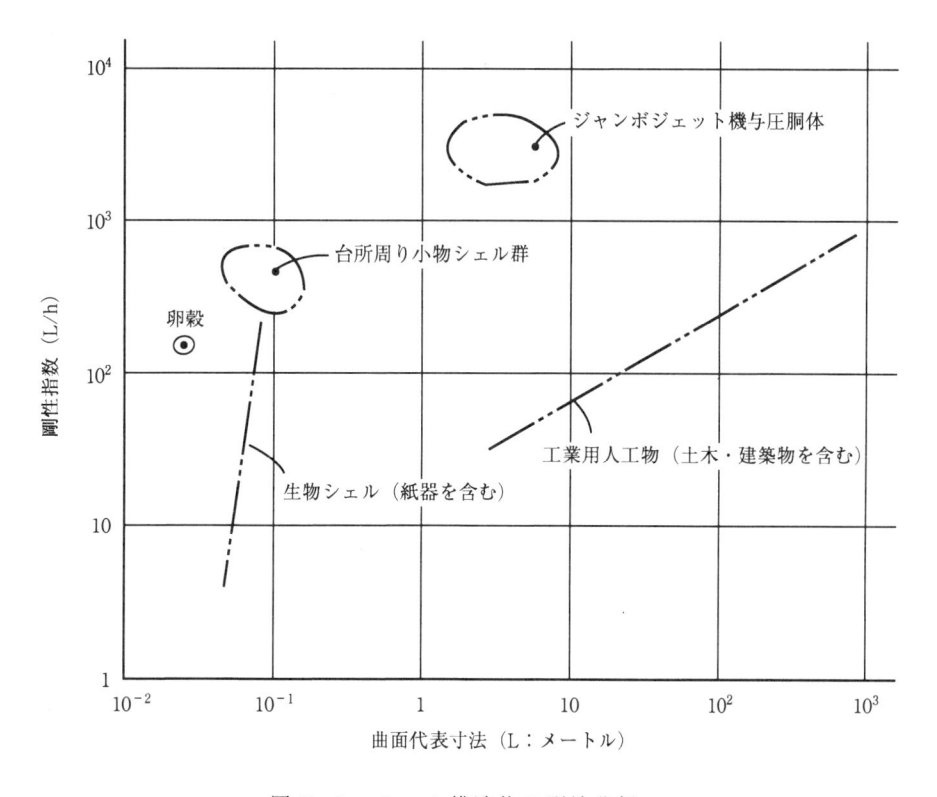

図7-1 シェル構造物の剛性分析

このような中で、ジャンボジェット機の与圧胴体の指数値は、工業用人工物群の平均線から飛び離れて高い。与圧による内圧を膜力 N_θ（フープ力）によって取り、耐圧構造が合理的に作られていることを窺い知ることができ

る。また、予測どおり、卵の殻の剛性は高く、自然物のシェル構造体の中でも別格である。図7－2は、剛性分析の原データである。

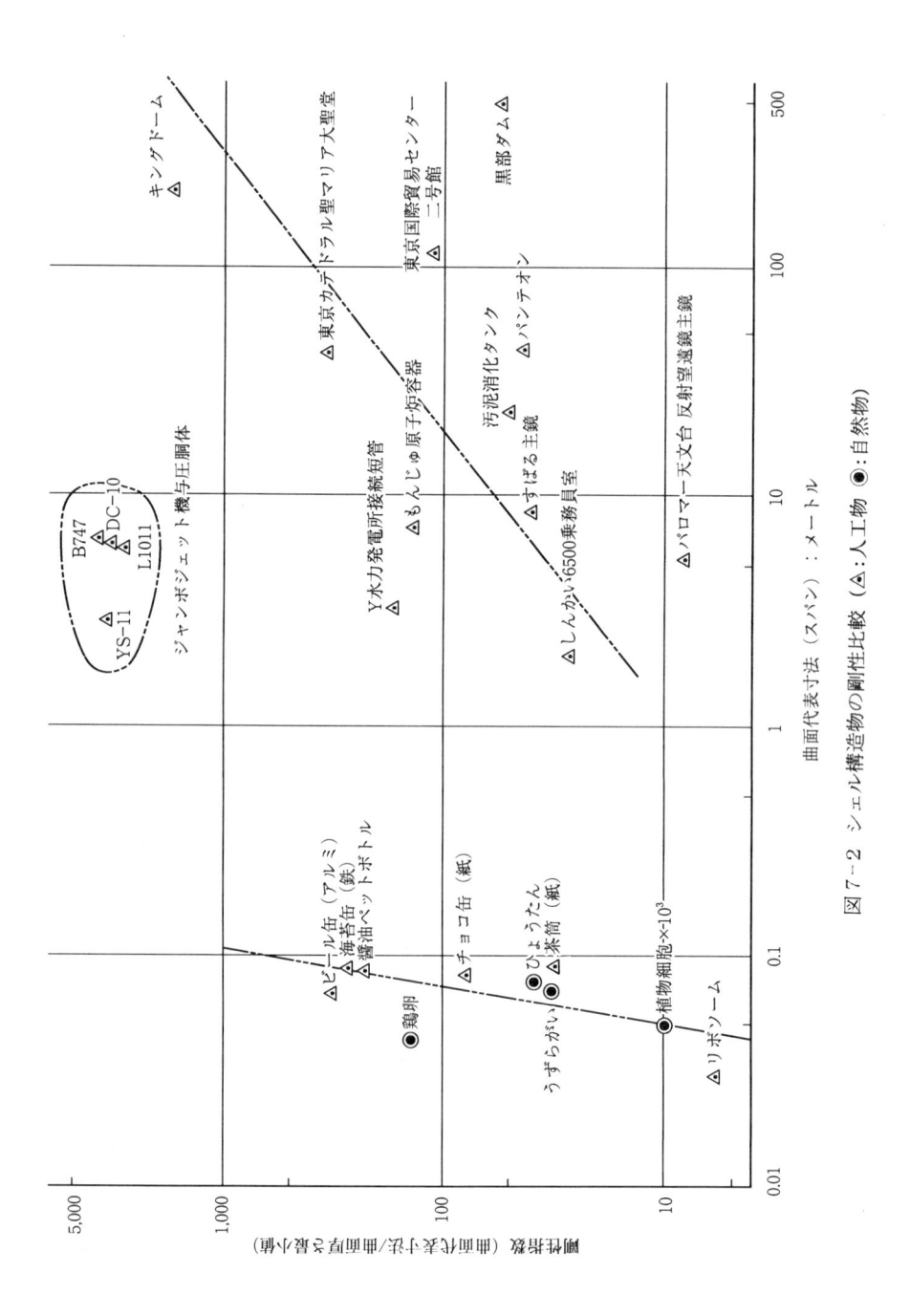

図7-2 シェル構造物の剛性比較 （△：人工物 ●：自然物）

第8章　シェルの座屈強さ

　物体が軸圧縮荷重や外圧を受けて弾性変形をしているときには、荷重と物体内に生じた内力とは釣り合い、安定状態を保っている。その変形は微小で、変形―ひずみおよび応力―ひずみの関係は、ともに線形であるという基礎的な仮定のもとに線形変形理論を適用して計算を進めることができる。ところがある種の変形様式では、変形量あるいは対応する外力の大きさがある限度を超えると、その釣り合い状態は、もはや安定ではなくなり、それから先では、別の安定な変形状態に移行したり、急激に大変形が起こったり、破壊に至ることがある。このような現象が座屈であり、そのような問題を扱うのが弾性安定理論である。

　座屈という弾性安定問題は、薄い板や殻のように1つ以上の座標方向の寸法が他の方向の寸法に比して著しく小さい物体で生じる。殻構造では板厚が幅、長さ、曲率半径に比して著しく小さいときに起きやすく、座屈安定限界が設計基準となることが多い。

　図8－1は、荷重と変形との関係を図示したものである。これらのうち、(a)、(b)は不安定な釣り合いとなることがないから、座屈を生じることはない。座屈が起こるのは、荷重に極大値や極小値が生じたり、分岐点があって、それから先には2つの釣り合い状態が存在するような場合で、(c)～(e)がそれらに対応する。

　(c)は、均一な外圧が作用する球殻や円錐殻などに見られる現象で、飛び移り座屈と呼ばれる。この場合、A点まで荷重を加えていくと、変形が急激に増加してB点まで急変する。そして、それ以上に荷重を加えると変形はBC線に沿って変化する。この状態から逆に荷重を下げていくと、B点を素通りして極小点のD点に達する。このときに変形が急変してE点に移る。そして弾性限度内であれば、EO線に沿ってO点に戻ってくる。(d)および(e)は、それぞれ分岐座屈および屈服座屈と呼び、前者では円筒殻の軸圧縮やねじり座屈、後者では曲げを受ける長い円筒殻のように、曲げ

とともに断面形状が偏平となって、極大点以降では耐荷能力がなくなり、破損を伴った座屈を起こすなどの現象が知られている。

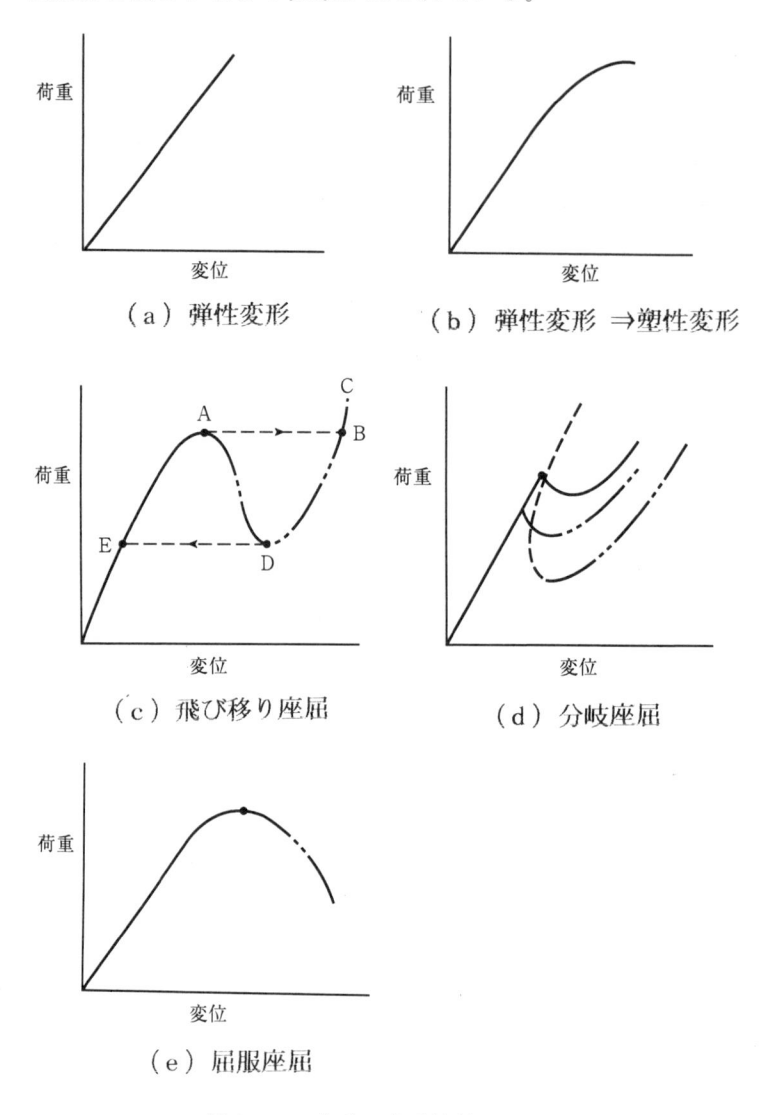

（a）弾性変形

（b）弾性変形 ⇒ 塑性変形

（c）飛び移り座屈

（d）分岐座屈

（e）屈服座屈

図8-1　荷重－変形特性

　座屈強度は、微小変形という仮定のもとで古典的な線形殻理論によって求めることができるが、理論値に比して実験値は著しく低い場合が多い。これは、主として実験では避けられない種々の初期不整、つまり被試験体が理想

— 76 —

状態と完全に一致しないことや大変形に対する線形理論の適用に原因があると考えられる。撓みが大きい場合の座屈の解析には、変形と歪みとの関係を非線形として扱う有限変形理論を用いることが必要である。

　第1次世界大戦のおり、ドイツの潜水艦が大活躍をしたことは周知の通りであるが、その背景には、耐圧船殻の圧壊強度に関する研究が進んでいたということがある。それは、耐圧船殻の圧壊強度を的確に知ることによって、潜水艦の安全潜航深度が決まるからである。潜水艦の耐圧船殻の断面は、強度上、円筒形もしくわそれに準じた形状をしており、数10cmおきに、環状のフレームを配して圧壊強度が高められている。

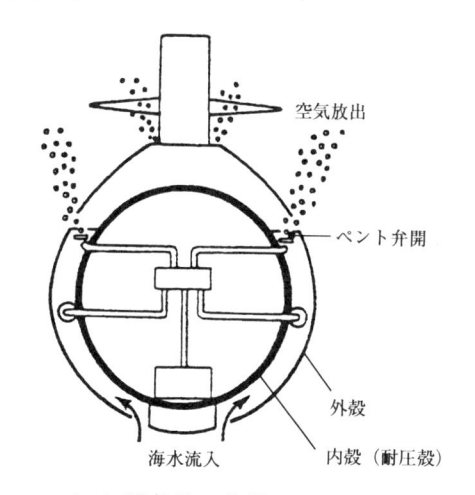

（a）潜航時の状態

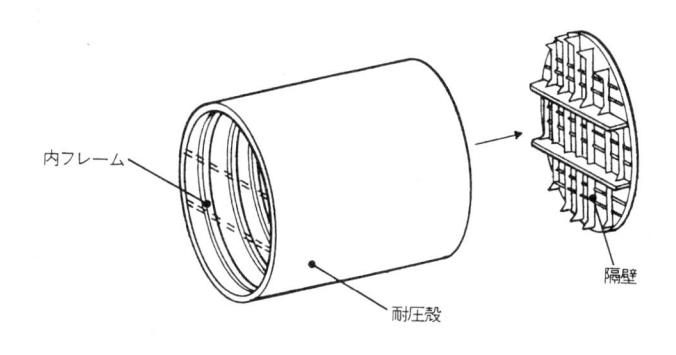

（b）耐圧殻の構造

図8-2　潜水艦の耐圧船殻[出所：坂本、大図解 世界の潜水艦、グリーンアロー社]

図8－2（a）は、内殻（耐圧殻）の外側にもう1つの殻（外殻）を設けて2重構造として、その間にバラストタンクなどを設けた複殻式潜水艦の潜航時の状態を示したものである。ベント弁を開いて、内殻と外殻の間に海水を入れ、空気を放出する仕組みである。船殻は複数の円筒殻を隔壁を介して結合して造られる。図8－2（b）に、その部分内殻を示す。図のように、内殻は、環状のフレームで補強して耐圧殻の圧壊強度を高めている。

　潜水艦（原潜を含む）の潜航深度は100〜700mで、圧壊強度の安全率は1.5〜2.5程度である。

　一般に、殻の座屈荷重は材料の縦弾性係数に比例し、厚さと半径との比のn乗に比例する。しかし、シェルそのものの板厚を一様に厚くしなくても、潜水艦のフレームのように経線や緯度線方向にリブを配すれば、座屈抵抗力を本質的に高めることができる。

　殻の座屈は、圧縮や外圧のみならず、曲げ、捩り、せん断やそれらとの組み合わせなどによっても起きる。

　偏平な楕円体殻に内圧が作用するとき、緯線方向の膜力 N_θ が、赤道を挟んで負値となり、座屈を起こす可能性がある（図6－4参照）。一方、外圧が作用するときには、経度線に沿って座屈が起こる。

　図8－3は、わが国の深海調査船しんかい6500の外観とスケルトン図である。

（a）外観

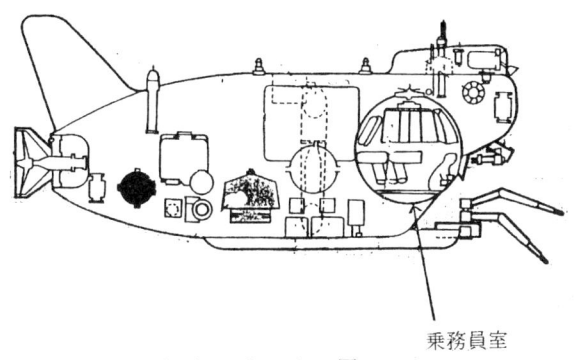

（b） スケルトン図

図8-3　しんかい6500

　乗務員室は、直径2m、板厚73.5mmのチタン合金製の耐圧球殻である。プレス成形後、NC切削加工を行い、座屈強度に対する初期不整の影響を極力小さくするため、形状精度が高められている。

　図8-4は、軸圧縮荷重が作用する円筒殻と一様な外圧を受ける球殻に対する線形ならびに非線形理論式と、それぞれに対応する事例の計算値をプロットしたものである。バチスカーフは、フランス海軍が建造した深海有人潜水艇の通称であるが、類似した構造の艇の総称としても使われている。トリエステ号はイタリアからアメリカ海軍へ売却されたバチスカーフである。この艇の観測室は外形2.2m、肉厚120mmでNi-Cr-Mo鍛鋼製の球殻である。1960年7月、同艇が記録した10836mの潜航深度は未だに破られていない。

　ビール缶を積重ねたときには、下部の缶は軸圧縮荷重と内圧との組み合わせ荷重を受けることになる。それぞれの外力に対する座屈値をR_c、R_pとすると、$R_c+R_p=1$であって、内圧が働くときのR_pは負値をとるので軸圧縮の座屈値は高くなる。組み合わせ荷重を受けるときの理論式の一例を図中に鎖線で示した。

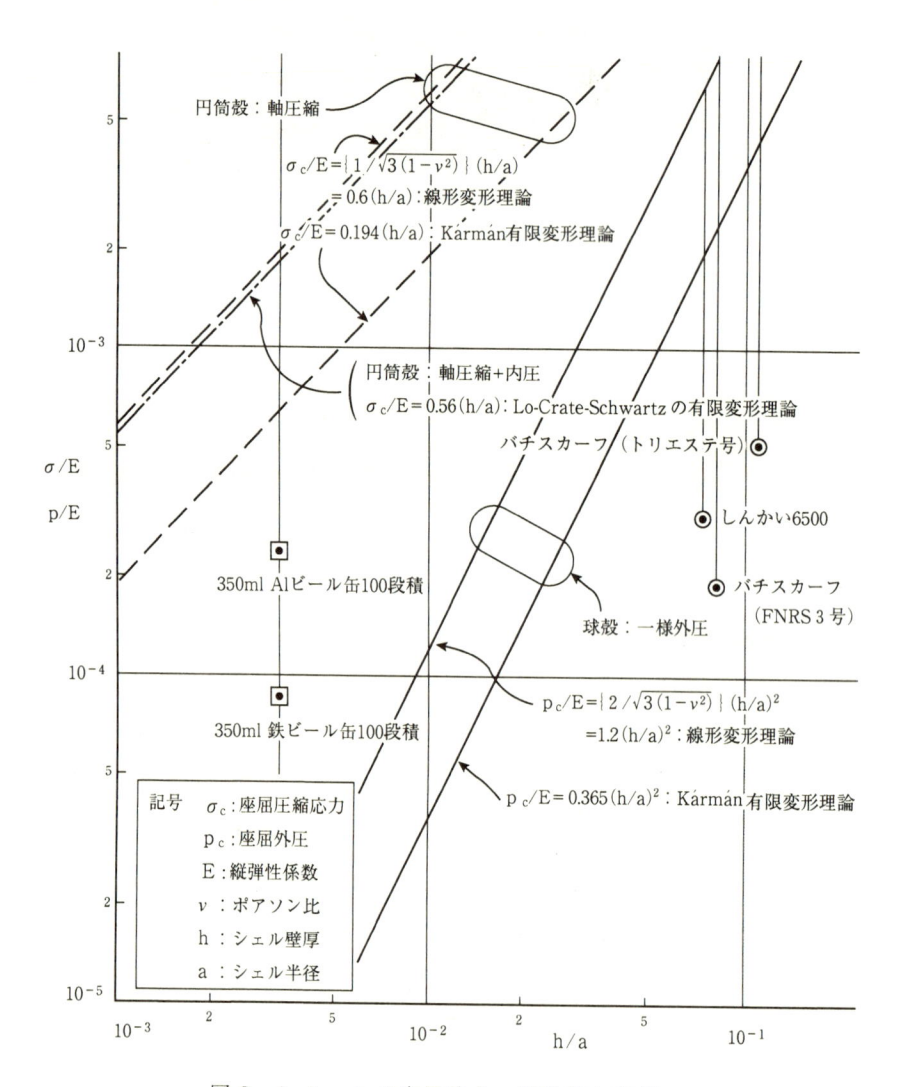

図 8-4 シェルの座屈強さ：理論値と事例

あとがき

　シェルについて書いてみようと思うにいたったきっかけは、数学がもつ内的な美と建築物の外的な美とが融合したともいえるような、1つの教会建築に出会ったことによる。その建造物は、東京・目白にある東京カテドラル聖マリア大聖堂の聖堂である。翼のような形をした8つの壁面が互いにもたれ合うようにして高く聳え立ち、中央で合体し、その内部は、儀式が執り行われるに相応しい荘厳な空間が形どられている。その壁面には双曲放物面が用いられ、造形美の真髄ともいうべき優美な曲面を目の当りにすることができたのである。解析幾何学の教科書を開くと、「双曲放物面は、$z=0$ 平面との交点では双曲線の2分枝を描く。」とある。それが数学的な事実であるとしても、何ら印象的なことではなく、3次元の世界の虚像のようにしか思えない。しかし、線織面の母線を際立たせたようなリブ状の直線を配した壁面の美しさと、その壁面と地面（$z=0$）との接合部にくっきりと描き出された双曲線の2分枝の実線を目の当りにしたときの感嘆は、今もなお鮮明であり、忘れ難いものがある。

　フランスの数学者、物理学者そして天文学者でもあったポアンカレ（J. H. Poincare、1854～1912）は、有名な著書「科学と方法」の中で、つぎのようにのべている。

　「数学者は、その方法、ならびにその結果の優美であるということを非常に重要視するのであるが、これは単なる物ずきから来るのではない。解に於て、また証明に於て、吾々に優美の感を起さしめるのは、はたして何によるのであろうか。それは異なった部分の間の調和、対称、いみじき均斉、つずめて云えば秩序をもたらし統一を与え、全体をも、ともに同時に明瞭に観取し理解することを得しめるもの、かかるものはすべて優美の感を起さしめるものである。」

　前記の聖堂こそは、さしずめポアンカレが思考した「数学の美」に対する証明ということができよう。

シェル構造物は、多くの分野でひろく実用に供されており、その歴史は古い。中でもドームの起源は遠く先史の時代に遡る。本文で説明をしたように、迫持式のアトレウスの宝庫に始まり、ドーム構造の原点パンテオンの組積ドームを経て現代の鉄骨構造ドームや空気膜構造のドームへと数々の技術革新を伴って発展をしてきた。しかし、シェルの原理「湾曲した面が構造自体を形成する」は、不易であり、いささかも揺るぐことなく、脈々と受け継がれている。まさしく、シェル構造は、古くて新しい不朽の技術である。

　近年、コンピュータ支援技術の1つである CAE (Computer Aided Engineering)の進展に伴い、データと境界条件さえ入力すれば、たちどころに、確からしい答えが返ってくる時代でもある。その結果、技術者が問題の本質を見極め、理解することなく素通りをしてしまうという傾向がある。シェルのデザインも例外ではない。これは、技術の進歩がもたらす負の部分を象徴しているといえよう。

　かような現実を鑑み、本書がシェル構造の理解と発展のための一助となれば幸いである。

　　2000年2月　　　　　　　　　　　　　　　　　　　　　　河内康伸

参考文献

1. S. Timoshenko : Theory of Plates and Shells、McGraw-Hill(1940)
2. W. Flugge : Stresses in Shells、Springer(1962)
3. 小林繁夫、近藤恭平 : 弾性力学、培風館（1987）
4. 日本学術会議 長柱研究会 : 弾性安定要覧、コロナ（1960）
5. 河内康伸 : 内圧を受けるフランジ付薄肉円管の強度計算式、東芝技術報告（1964）
6. 佐藤伊助 : いろいろな曲線と曲面、裳華房（1982）
7. 名工大数学教室 : 教養の数学、碩学書房（1952）
8. M.Salvadori、R. Heller（望月重訳）: 建築の構造、鹿島出版会（1997）
9. 松倉保夫 : ガウディの設計態度、相模書房（1978）
10. 本川達雄 : 生物のデザインから工学を考える、（第104回学際研究シンポジウム資料）、日本学際会議（1996）
11. 日本化学会編 : 膜は生きている、大日本図書（1993）
12. V. L. Hansen（井川俊彦訳）: 自然の中の幾何学、トッパン（1994）
13. D'Arcy W. Tompson : On Growth and Form, Cambridge University Press, 2 nd edit. (1942)
14. S. Hildebrandt、A. Tromba（小川泰他訳）: 形の法則、東京化学同人（1994）

付録

付1　カスティリアノの定理

　材料がフックの法則に従い、ひずみによる変位が外力の作用に影響を与えない場合、図のように弾性体を、剛体運動することなく、弾性ひずみによる変位以外は起こらないように支える。δ_1、$\delta_2 \cdots \delta_i \cdots$を外力 P_1、$P_2 \cdots P_i \cdots$の着力点方向の変位としたとき、ひずみエネルギは、

$$U = P_1\delta_1/2 + P_2\delta_2/2 + \cdots + P_i\delta_i/2 + \cdots$$

と表される。変位δ_iは外力P_iの1次関数であるから、ひずみエネルギは外力の2次関数となる。そのひずみエネルギを任意の外力によって偏微分をすると、その外力の着力点方向の変位となる。これがカスティリアノの定理である。

$$\delta_i = \partial U / \partial P_i$$

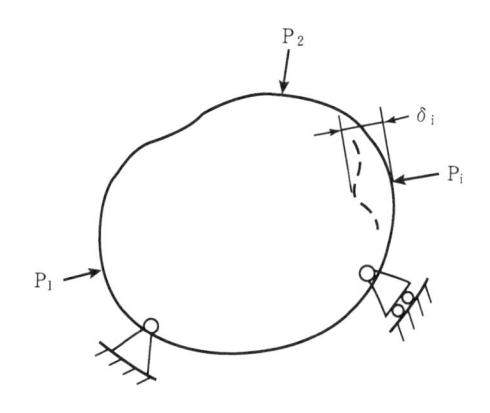

　外力の着力点でない点の変位、あるいは外力の作用方向と異なった方向の着力点の変位を求めたい場合がある。このときには、所望の点の変位方向に「仮想外力」Qを加えて、全体のひずみエネルギUを求め、$\partial U/\partial Q$を計算し、その結果に対して$Q = 0$と置けば、所望の変位を求めることができる。

付2　回転対称殻の主曲率半径 r_1、r_2 の求め方

平行円の半径 r およびメリディアンの線素 ds は、それぞれ、つぎのように表される。

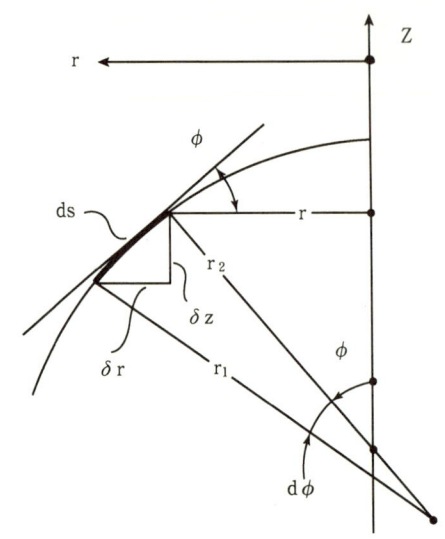

$$r = r_2 \sin\phi \tag{a}$$
$$ds = r_1 \, d\phi \tag{b}$$

また、$dr = ds \cos\phi$、$dz = ds \sin\phi$ であるから、

$$dr/d\phi = r_1 \cos\phi \tag{c}$$
$$dz/d\phi = r_1 \sin\phi \tag{d}$$

となり、（a）式と（c）式から

$$1/r \cdot dr/d\phi = r_1/r_2 \cdot \cot\phi \tag{e}$$

を得る。また、図から、つぎの式が得られ、

$$\sin\phi = dz/\{dr^2 + dz^2\}^{1/2}$$
$$= 1/\{1 + (dr/dz)^2\}^{1/2} \tag{f}$$

$$\cos\phi = dr/\{dr^2 + dz^2\}^{1/2}$$
$$= (dr/dz)/\{1 + (dr/dz)^2\}^{1/2} \tag{g}$$

主曲率半径 r_2 は、次式で表される。

$$r_2 = r/\sin\phi$$
$$= r\{1+(dr/dz)^2\}^{1/2} \qquad (付2-1)$$

(f) 式を z で微分し、(g) 式を代入して整理をすると、
$$d\phi/dz = -d^2r/dz^2/\{1+(dr/dz)^2\}$$
となり、これを (c) 式に代入すると、r_1 が求まる。

$$r_1 = 1/\cos\phi \cdot dr/d\phi$$
$$= -\{1+(dr/dz)^2\}^{3/2}/d^2r/dz^2 \qquad (付2-2)$$

(例1)「すばる」主鏡の主曲率半径

主鏡のメリディアンは、$r^2 = 4fz$ である。この式を z で微分して第1および第2導関数を求めると、
$$dr/dz = 2f/r, \qquad d^2r/dz^2 = -4f^2/r^3$$
となる。これらを (付2-2) および (付2-1) 式に代入すると、主曲率半径 r_1、r_2 は、つぎの式で表される。
$$r_1 = 2f\{1+(r/2f)^2\}^{3/2}$$
$$r_2 = 2f\{1+(r/2f)^2\}^{1/2}$$

(例2)回転楕円体殻の主曲率半径

楕円のメリディアン形状は $(r/a)^2 + (z/b)^2 = 1$ で表されるから、主曲率半径 r_1、r_2 はそれぞれ (付2-2)、(付2-1) 式から、つぎのように求まる。
$$r_1 = (a^4 z^2 + b^4 r^2)^{3/2}/a^4 b^4 \qquad (付2-3)$$
$$r_2 = (a^4 z^2 + b^4 r^2)^{1/2}/b^2 \qquad (付2-4)$$

付3　膜力と荷重との釣り合いの式

図aの微小な曲面要素PP'Q'Qの四辺に働く膜力N_ϕおよびN_θは、曲面効果によって、それぞれ曲率中心に向かう合成力を生ずる。これらの力と、膜面に対して垂直に作用する荷重との釣り合いの関係式を求める。

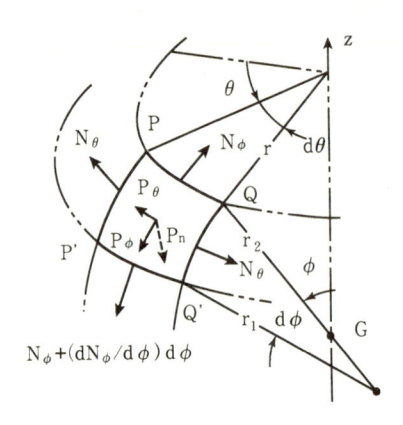

図a　回転対称殻の力の釣り合い

上下両辺の線素PQおよびP'Q'に働く力は、図bに示すように、それぞれ$N_\phi r d\theta$、$(N_\phi + dN_\phi/d\phi \cdot d\phi)(r + dr/d\phi \cdot d\phi)d\theta$となる。2次オーダの微小量の項を省略すると、曲率中心方向に向かう合成力は、次式となる。

$$N_\phi r d\theta d\phi \qquad (a)$$

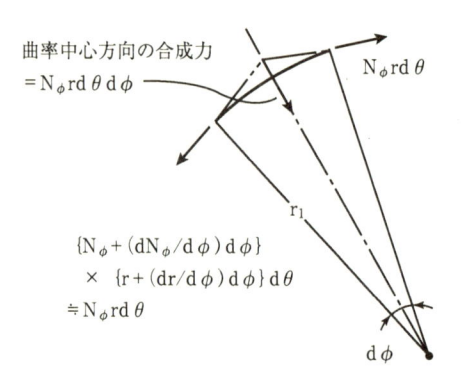

図b

左右両辺の線素 PP'、QQ'に働く力は、図 c に示すように、ともに $N_\theta r_1 d\phi$ で、平行円の中心方向に向かう合成力は、$N_\theta r_1 d\phi d\theta$ となる。従って、曲率中心方向成分は、図 d に示すように次式で表される。

$$N_\theta r_1 \sin\phi \, d\phi \, d\theta \qquad (b)$$

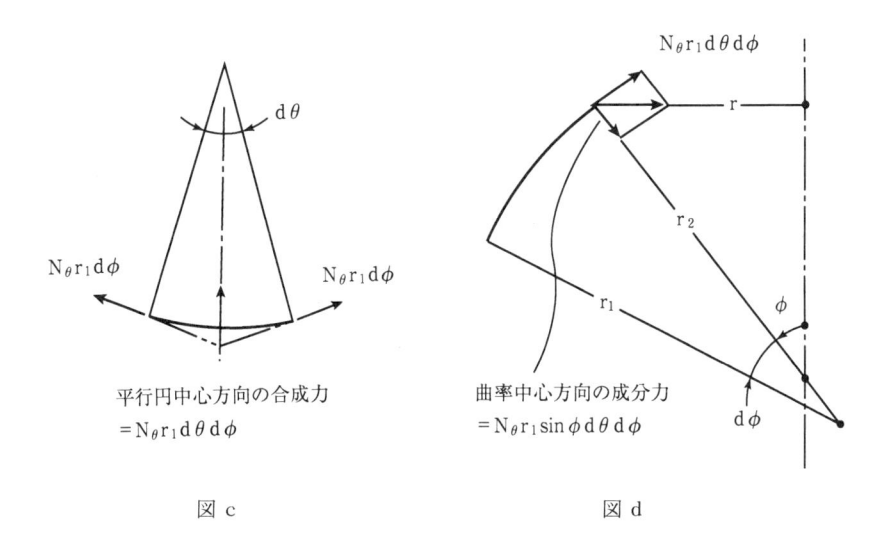

平行円中心方向の合成力
$= N_\theta r_1 d\theta d\phi$

曲率中心方向の成分力
$= N_\theta r_1 \sin\phi \, d\theta \, d\phi$

図 c　　　　　　　　　図 d

一方、曲面に対して垂直に働く荷重の大きさは、単位面積当たりの荷重の大きさ p_n と微小な曲面要素 PP'Q'Q の面積との積であるから、つぎの式で表される。

$$p_n \, r r_1 d\phi \, d\theta \qquad (c)$$

以上（a）、（b）、（c）各式の力を加えて、$r_2 \sin\phi = r$ の関係を用いて整理をすると、膜力と荷重との釣り合いの基本式が求まる。

$$N_\phi / r_1 + N_\theta / r_2 = -p_n \qquad (5-5)$$

つぎに、釣り合いの第 2 の関係式式を導く。図 5-9 で角 ϕ で定まる平行円より上部の力の釣合いを考え、図 5-12 を参照すると、$r = r_2 \sin\phi$ および $2\pi r N_\phi \sin\phi + F = 0$ の両式から、

$$N_\phi = -F / (2\pi r_2 \sin^2\phi) \qquad (5-7)$$

が得られる。

付4 回転対称殻の変形

　軸対称荷重を軸対称で支持をするときは、変形も軸対称となるから、任意の点の変形は、メリディアンの接線方向の変形量vとメリディアンの法線方向の変形量wを考えればよい。

　いま、メリディアンの線素ABがA'B'のように変形をしたとする。接線方向の変形量は、(dv/dφ)dφだけ増加し法線方向の変位wによる接線方向の収縮の大きさはwdφであるから、ABの全変形量は（dv/dφ）dφ－wdφとなり、これを初期値 $r_1 d\phi$ で割ると、メリディアン方向のひずみ ε_ϕ が求まる。

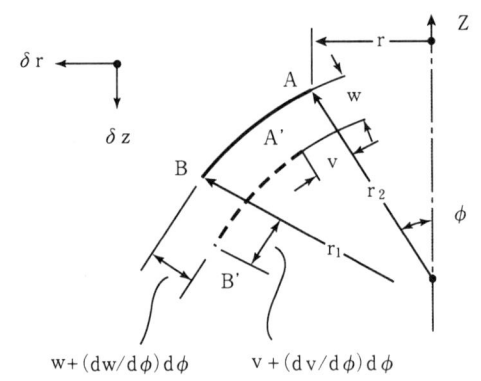

$$\varepsilon_\phi = (1/r_1)\, dv/d\phi - w/r_1 \qquad (a)$$

　一方、v、wにより平行円の半径rは、$(v\cos\phi - w\sin\phi)$ だけ増加するから、平行円の円周のひずみは、

$$\varepsilon_\theta = (1/r)(v\cos\phi - w\sin\phi)$$
$$\quad = (v/r_2)\cot\phi - (w/r_2) \qquad (b)$$

（a）、（b）両式からwを消去すると、

$$dv/d\phi - v\cot\phi = r_1 \varepsilon_\phi - r_2 \varepsilon_\theta \qquad (c)$$

　フックの法則により、ひずみ ε_ϕ、ε_θ を表すと、

$$\varepsilon_\phi = (1/Eh)(N_\phi - \nu N_\theta) \qquad (d)$$

$$\varepsilon_\theta = (1/Eh)(N_\theta - \nu N_\phi) \qquad (e)$$

を得る。これらの式を（c）式に代入すると、

$$dv/d\phi - v\cot\phi = (1/Eh)[N_\phi(r_1 + \nu r_2) - N_\theta(r_2 + \nu r_1)] \qquad (f)$$

（f）式の右辺を $f(\phi)$ と置き、変形をすると、

$\sin\phi \cdot d(v/\sin\phi)/d\phi = f(\phi)$ となり、$d(v/\sin\phi)/d\phi = f(\phi)/\sin\phi$ であるから、

$$v = \sin\phi[\int\{f(\phi)/\sin\phi\}d\phi + C] \qquad (5-10)$$

を得る。Cは殻の支持条件によって決まる積分定数である。

法線方向の変位 w は、（b）式に（d）式を代入すれば求まる。

$$w = v\cot\phi - r_2/Eh(N_\theta - \nu N_\phi) \qquad (5-11)$$

垂直方向変位 δ_z および半径方向変位 δ_r は、つぎの式で表される。

$$\delta_z = v\sin\phi + w\cos\phi \qquad (5-12)$$
$$\delta_r = v\cos\phi - w\sin\phi \qquad (5-13)$$

（計算例）半球形ドームの自重による変形量

半球形殻では、$r_1 = r_2 = a$ であるから、（5-10）式は、

$$v = \{a(1+\nu)\sin\phi/Eh\}[\int\{(N_\phi - N_\theta)/\sin\phi\}d\phi + C]$$

となる。殻の支持条件を $\phi = 90°$ のとき $v = 0$ とし、第5章の（例2）で求めた N_ϕ、N_θ を前式に代入して、整理をすると、

$$v = a^2 q(1+\nu)/Eh\{1 - 1/(1+\cos\phi) + \log(1+\cos\phi)\}\sin\phi$$

を得る。同様にして、法線方向の変位 w は、（5-11）式から求められる。

$$w = v\cot\phi - a^2 q(1+\nu)/Eh[1/(1+\cos\phi) - \cos\phi/(1+\nu)]$$

計算結果を、図5-14の左半分に図示した。

付5　双曲放物面と一葉双曲面

双曲放物面の方程式は、
$$x^2/a^2 - y^2/b^2 = z \qquad (付5-1)$$
と表され、次のことを読み取ることができる。

(a)　x z 平面（y=0）での切口は上方に開いた放物線となる。

(b)　y z 平面（x=0）での切口は下方に開いた放物線となる。

(c)　x y 平面（z=0）との交わりは、2つの直線（$x^2/a^2 - y^2/b^2 = 0$）に分かれる。

(d)　2つの直線に平行な平面（z=k）との交わりは、k>0 のときは x 軸と交わる双曲線となり、k<0 のときは y 軸と交わる双曲線となる。

下図は、これらの関係を示したもので、双曲放物面は、下向きの曲率をもつ放物線を、上向き曲率をもつ放物線上を滑らせても得られることが分かる。

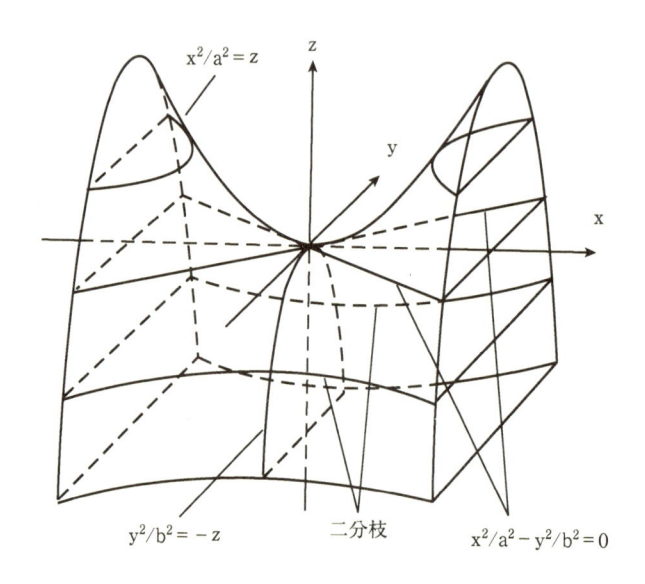

双曲放物面

（付5－1）を変形すると、$(x/a+y/b) = z/(x/a-y/b)$ が得られる。この式を h と置くと、任意の定数 h に対して、平面を表すつぎの2つの式を導くことができる。

$$(x/a+y/b) = h 、\quad (x/a-y/b) = z/h$$

この2つの式を連立させて求まる直線は、2平面の交線であり、曲面上に載っていることが分かる（∵ 付5－1式を満たすから）。

同様にして、（付5－1）を変形した式の左右両辺の分母、分子を取り替えて得られるつぎの2つの式を連立させて定まる直線も曲面上に載っていることが分かる。

$$(x/a+y/b) = z/k 、\quad (x/a-y/b) = k$$

従って、双曲放物面は、その曲面上に載っている直線を動かす（定数 h、k を動かす）ことによって描かれると考えることができる。

一般に、ある曲面が、ある法則に従って動いた直線の軌跡とみなされるとき、その曲面を**線織面**といい、動直線を**母線**という。双曲放物面には、h、k の2つの母線があるから、2通りの線織面になっているということが分かる。また、曲面上の任意の点には、h、k の母線群に属する母線の1つずつが存在するが、逆に、h、k の値によって任意の点は定まることになる。

一葉双曲面の場合も同様にして解析すれば、2通りの線織面をもつ曲面であることが分かる。つぎの図は曲面上に直線が載っている様子を示したものである。

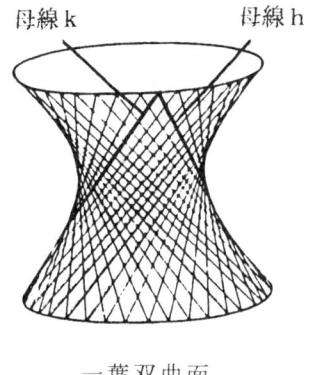

一葉双曲面 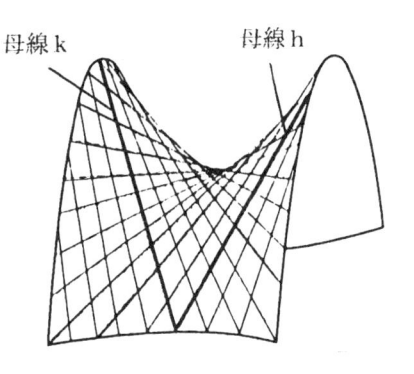　　　　双曲放物面

一葉双曲面の方程式は、

$$x^2/a^2 + y^2/b^2 - z^2/c^2 = 1 \quad\quad (付5-2)$$

と表され、次のことを読み取ることができる。

(a) z=k 平面との交わりは、$x^2/\{a^2(1+k^2/c^2)\} + y^2/\{b^2(1+k^2/c^2)\} = 1$ の式で表される長円で、kの値によって長円の大きさも変る。

(b) z=0 平面との交わりは、$x^2/a^2 + y^2/b^2 = 1$ と表され、長円もしくは円である。

(c) y=0 平面との交わりは、$x^2/a^2 - z^2/c^2 = 1$ なる双曲線である。

(d) x=0 平面との交わりは、$y^2/b^2 - z^2/c^2 = 1$ なる双曲線である。

つぎの図は、これらの関係を表したものである。

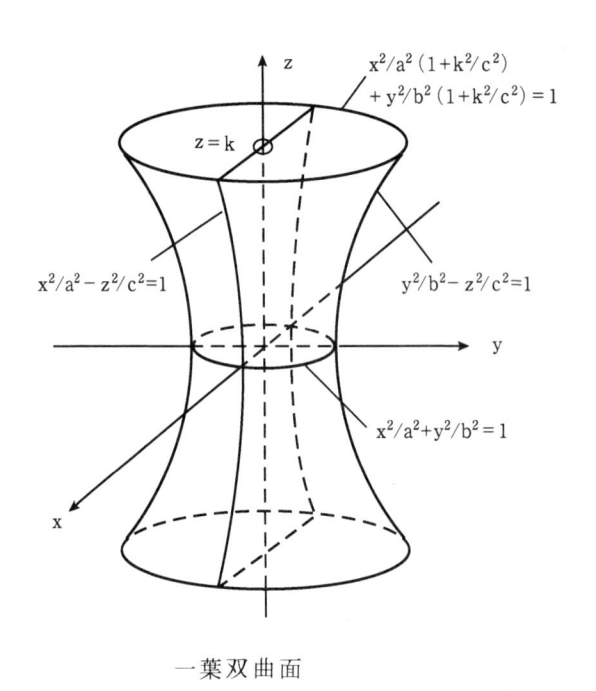

一葉双曲面

a=b のとき、一葉双曲線の方程式は $(x^2+y^2)/b^2 - z^2/c^2 = 1$ となり、回転一葉双曲面となる。これは、yz平面上の双曲線 $y^2/b^2 - z^2/c^2 = 1$ をメリディアンとして、z軸の周りに一回転して得られる（付6参照）。

付6　回転曲面の方程式

　ｘｙ平面上の曲線　C：y = f(x)、z = 0　をｘ軸の周りに回転させて得られる回転曲面を考える。

　任意の点　P(x、y、z)を通りｘ軸に垂直な平面を作り、曲線Cと点M、ｘ軸と点Qで交わらせ、Pからｘｚ平面に垂線ＰＨを下ろす。点 P(x、y、z)が回転曲面上にあるための条件は、QM=QP　である。

　しかるに、QM=|f(x)|、　QP² = HP² + QH² = y² + z²　であるから

$$y^2 + z^2 = [f(x)]^2$$

を得る。すなわち、求める回転曲面の方程式は、曲線Cを表す方程式 y = f(x) のｙを、$\pm(y^2 + z^2)^{1/2}$で置き換えたものである。

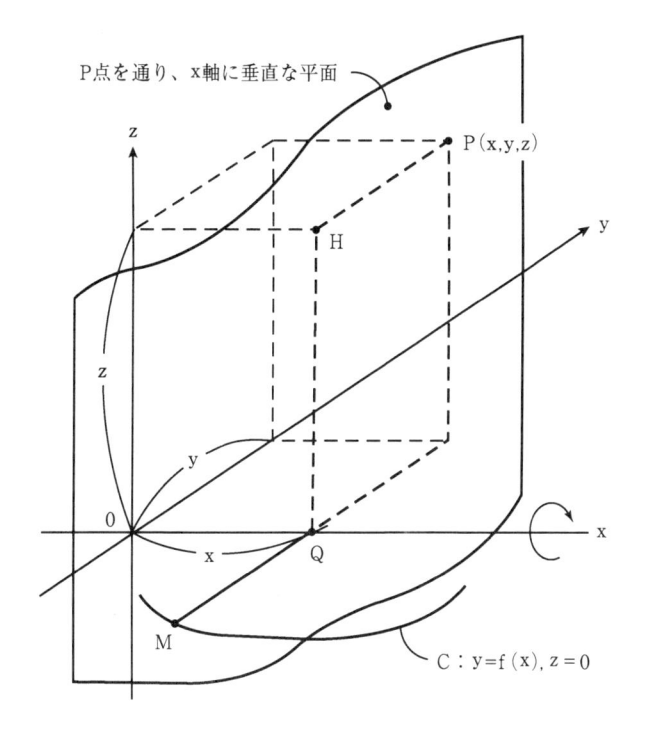

付7　対数らせん

　対数らせんは、定速度で回転する半直線上の動点Pが定点Oからの距離 r に比例する速度で定点Oから遠ざかっていくとしたとき、点Pが描く軌跡である。

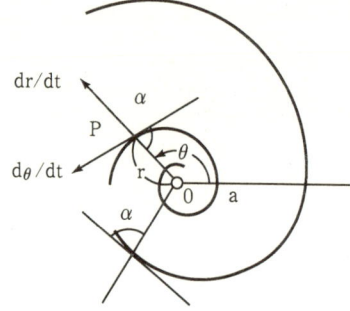

　従って、動点Pの動きは、つぎの2つの式によって表される。

$$d\theta/dt = C（一定）、\quad dr/dt = ar$$

$dr/d\theta \cdot d\theta/dt = ar$ であるから、つぎの式が得られる。

$$r = a \cdot \exp(\theta/C)$$

　式中の（θ/C）は、時間の単位をもつ量であり、貝殻が時間の指数関数で成長していることを示している。ここで、$1/C = p$ と置くと次式が求まる。

$$r = a \cdot \exp(p\theta) \quad (p>0)$$

　対数らせんの特徴は、らせんが常に動径 r を等しい角度で横切るということである。動径は、原点とらせん上の点を結ぶ直線のことで、この動径とらせんのなす角 α は、らせん上のどの点においても等しい。そのため、別名、等角らせんとも呼ばれている。

　生物の世界では、貝殻の他にも対数らせんに関する現象を目にすることができる。例えば、夏の夜、街灯や集蛾灯などの点光源の周りをぐるぐると飛び回り続ける虫の運動の軌跡は、対数らせんを描いており、光線に対して一定の角度を保ちながら飛ぶという虫の本能的な性質によるものである。

　また、ヒマワリの花の中心にある種の並び方も、対数らせんである。実際

に、花を観察してみると、種は、そのように整列をしている。

ヒマワリの花の種子

　ヒマワリの花は、画家ゴッホ（Vincent Van Gogh）が、晩年、好んで用いたモチーフであり、数々の秀作が生み出されている。中でも、「4つのひまわり」と題した絵のヒマワリの花には、種の並びが忠実に描かれており、対数らせん状のパターンを見ることができる。ゴッホの正確な観察力と精密な描写力の一端を窺い知ることができる。

「4つのひまわり」（1887年）部分　［出所：ビジュアル美術館、同朋舎］

付8　カシニ曲線

カシニ曲線は、平面上の2定点 A (a、0)、B (−a、0) からの距離の積が一定であるような点Pの軌跡である。

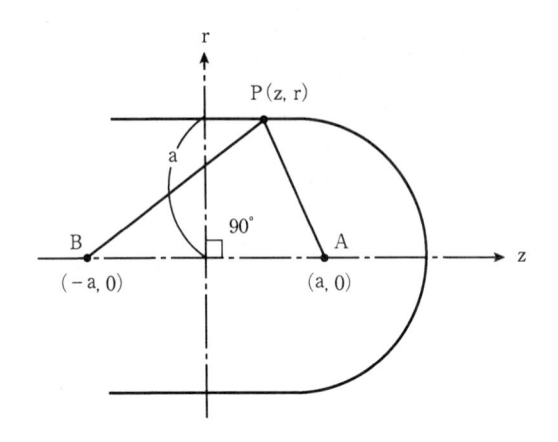

上の図から、AP・BP = c^2 （c > 0）を満たす点 P (z, r) の軌跡は、

$$\{(z+a)^2 + r^2\}\{(z-a)^2 + r^2\} = c^4$$

と表され、変形をすると、

$$(z^2 + r^2)^2 + 2a^2(r^2 - z^2) = c^4 - a^4 \qquad (付8-1)$$

となり、カシニ曲線は r 軸および z 軸に関して対称であることが分かる。

　円筒殻と耐圧壁の結合点において、両者の膜力が等しくなるためには、耐圧壁のメリディアンは、点 (z=0、r=a) で $r_1 = \infty$ でなければならない。

　r_1 は、（付2-2）式で $r_1 = -\{1+(dr/dz)^2\}^{3/2} / d^2r/dz^2$ と与えられているから、点 (z=0、r=a) で $r_1 = \infty$ となるためには、$(d^2r/dz^2)_{z=0,\ r=a} = 0$ であればよい。

　（付8-1）式を z で微分して導関数 dr/dz および第2導関数 d^2r/dz^2 を求めると、

$$d r/dz = -(z/r)\{(z^2+r^2-a^2)/(z^2+r^2+a^2)\}$$
$$d^2r/dz^2 = \{-12a^6(a^2-r^2+z^2)\}/\{r^3(z^2+r^2+a^2)^3\}$$

となり、$(d^2r/dz^2)_{z=0, r=a} = 0$ を求めると、$r^2 = a^2$ が得られる。

つぎに、$r^2 = a^2$ と $z=0$ を（付8−1）式に代入すると、$c^4 = 4a^4$ となり、

$$c = \sqrt{2}\,a$$

を得る。これが接合点において、両者の膜力が等しくなるための条件である。これを（付8−1）式に代入すれば、所望のカシニ曲線の方程式が得られる。

$$\therefore\quad (z^2+r^2)^2 + 2a^2(r^2-z^2) = 3a^4 \qquad （付8−2）$$

また、$c = \sqrt{2}\,a$ のカシニ曲線の短径、長径の半径は、

$$(r)_{z=0} = a \,、\quad (v)_{r=0} = \sqrt{3}\,a$$

となり、半球形や楕円体殻に比べてややロングノーズとなることは否めない。

つぎの図は、c をパラメータとして、カシニ曲線を描いたものである。

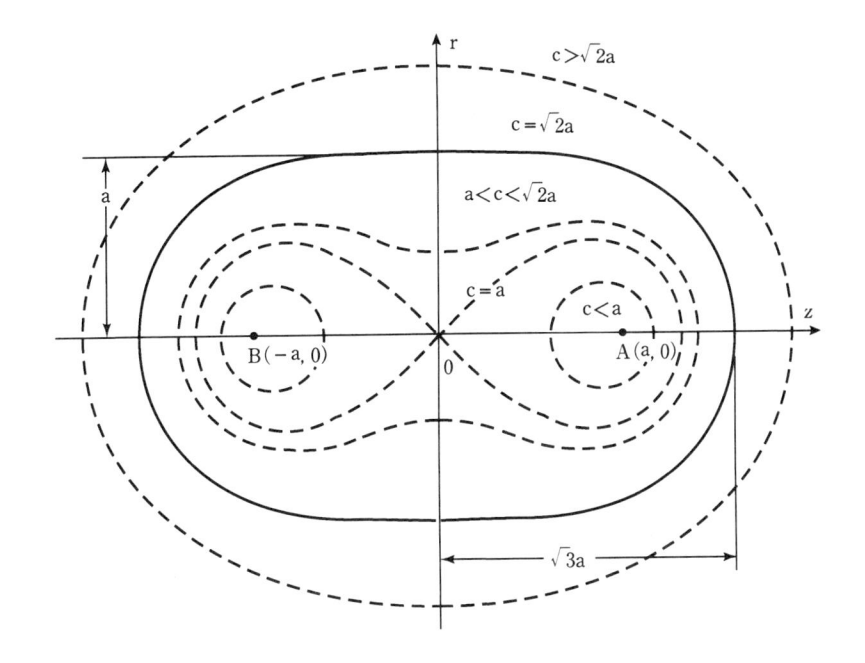

Cをパラメータとして描いたカシニ曲線

先の図から、$c = \sqrt{2}\,a$ を境として形状が変化し、$c > \sqrt{2}\,a$ のときのカシニ曲線は たまご形を呈することが分かる。

ついで、(付8－2)で与えられたカシニ曲線の主曲率半径 r_1 および r_2 を求めると、(付2－1)式から、

$$\begin{aligned}
r_2 &= r\{1+(dr/dz)^2\} \\
&= r[1+\{z^2\,(z^2+r^2-a^2)^2/\,r^2\,(z^2+r^2+a^2)^2\}]^{1/2} \\
&= 2a\{a^2\,(z^2+r^2)\}^{1/2}/\,(z^2+r^2+a^2)
\end{aligned} \qquad (付8－3)$$

(付2－2)式から、

$$\begin{aligned}
r_1 &= -\{1+(dr/dz)^2\}^{3/2}/d^2r/dz^2 \\
&= -(r_2/r)^3/d^2r/dz^2 \\
&= 2\{a^2(z^2+r^2)\}^{3/2}/3a^3(a^2-r^2+z^2)
\end{aligned} \qquad (付8－4)$$

が得られる。

カシニ曲線は、イタリア生まれでフランスに帰化した天文学者で、土星の環のカシニ空隙や土星の衛星の発見者として知られるカシニ（Gian Domenico Cassini）に因んで命名された。なお、カシニは、初代のパリ天文台長となったが、2人の子息も天文学者で、いずれもパリ天文台長を務めたという天文学一家としても知られている。

付9　水車入り口の接続短管の計算

　半無限長の円筒殻に内圧pが作用し、弾性体のフランジは結合ボルトのピッチ円周で固定支持されていると仮定したとき、フランジと円筒殻との結合部には、両者の剛性の違いにより、変形量が異なり、図示のような不連続曲げモーメントとせん断力を生ずる。

　内圧が作用する円筒殻の基礎方程式は、つぎの微分方程式で表される。

$$D^4w/dx^4 + 4\beta^4 w = -p/D \qquad (付9-1)$$

- w : 円筒殻の半径方向変位　（円筒殻の管軸方向を＋）
- x : 接合点を原点とする円筒殻の軸方向座標
- β : $= \{3(1-\nu^2)\}^{1/4}/(ah)^{1/2}$
- D : 円筒殻の曲げ剛性　$= Eh^3/12(1-\nu^2)$
- a : 円筒殻の半径
- h : 円筒殻の厚さ
- E : 円筒殻の材料の縦弾性係数
- ν : 円筒殻の材料のポアソン比
- M_0 : 接合点に生ずる曲げモーメント
- Q_0 : 接合点に生ずるせん断力

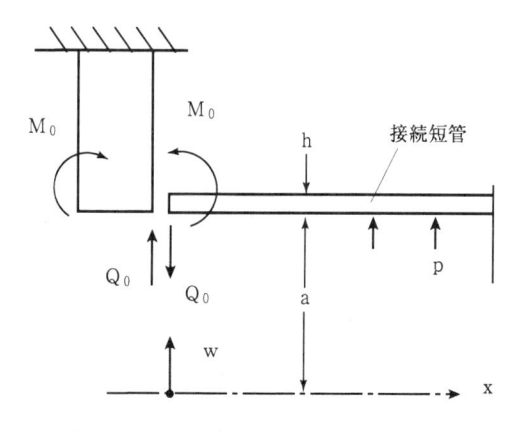

（付9－1）式を解き、円筒殻が長くて半無限長と近似できる場合、半径方向の変位wは次式で表される。

$$w = e^{-\beta x}(c_3 \cos\beta x + c_4 \sin\beta x) + f(x) \qquad (付9-2)$$

右辺の第2項 $f(x)$ は、微分方程式の特解である。その物理的な意味は、$x = 0$ から遠く離れて、端部の影響を受けない位置における円筒殻の半径方向の一様な膨張量を示し、次式で表される。

$$f(x) = -(pa^2/Eh)\{1 - (\nu/2)\}$$

円筒殻の任意の点における曲げモーメント M_x およびせん断力 Q_x は、次式で表されるから、

$$M_x = -D\, d^2w/dx^2$$
$$Q_x = -D\, d^3w/dx^3$$

境界条件として、次式が成り立つ。

$$(M_x)_{x=0} = -D\,(d^2w/dx^2)_{x=0} = M_0$$
$$(Q_x)_{x=0} = -D\,(d^3w/dx^3)_{x=0} = Q_0$$

これらの関係から円筒殻の半径方向変位wは、次式で表される。

$$w = -(1/2\beta^3 D)[M_0\beta\{e^{-\beta x}(\cos\beta x - \sin\beta x)\} + Q_0(e^{-\beta x}\cos\beta x)]$$
$$\quad -(pa^2/Eh)\{1 - (\nu/2)\} \qquad (付9-3)$$

M_0 および Q_0 は、フランジと円筒殻との接合部における境界条件によって求めることができる。例えば、つぎに示す仮定のいずれかを用いてもよい。

（a）接合点では、フランジと円筒殻の半径方向の変位は等しい。
（b）接合点では、両者の相対的な角度は不変である。
（c）円筒殻を固定端接続とすれば、その境界条件は、

$$(w)_{x=0} = 0 \quad , \quad (dw/dx)_{x=0} = 0$$

円筒殻の軸方向の応力 σ_x および円周方向応力（フープ応力）σ_θ は、つぎの式を解けばよい。

$$\sigma_x = 6/h^2 \; (-Dd^2w/dx^2) + pa/2h \qquad (付9-4)$$
$$\sigma_\theta = 6/h^2 \; (-\nu Dd^2w/dx^2) - Ew/a \qquad (付9-5)$$

両式の右辺（ ）内の d^2w/dx^2 は、

$$d^2w/dx^2 = (1/2\beta D) \{2\beta M_0 \, e^{-\beta x}(\cos\beta x + \sin\beta x) + Q_0 \, e^{-\beta x} \sin\beta x \}$$

であり、太字で示した βx の関数は、次図に示すように、いずれも βx の値がゼロから増加するにつれて、急速にゼロへと収束する。すなわち、不連続曲げモーメント M_0 および不連続せん断力 Q_0 の影響は、接合点の近傍に留まることを示している。

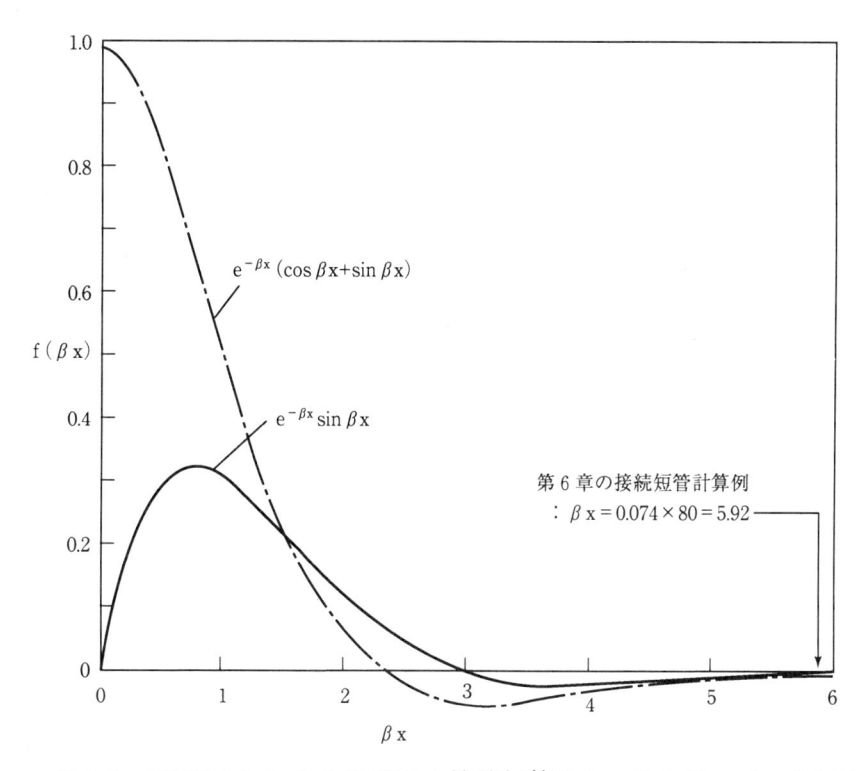

第6章で説明をした水力発電所の接続短管のケースでは、$\beta x = 0.074x$ であるから、フランジと円筒殻との接合点から円筒殻半径 a の 1/2 の長さに等

しい位置すなわち、接合点から 80cm 程度離れた位置では、$\beta x = 5.92$ となり、図中に付記をしたように、その点では M_0, Q_0 の影響は殆どないことが分かる。

■著者紹介

河内　康伸（かわうち　やすのぶ）
1934年愛知県に生まれる。名古屋工業大学機械工学科卒業、㈱東芝総合研究所主任研究員、東芝機械㈱技術分担取締役等に就く。著書に「トライボロジ」（共訳）等がある。

たまご・貝殻のなかま
シェル(殻)に学ぶ

2000年5月15日　初版第1刷発行

■著　者────河内　康伸
■発行者────佐藤　正男
■発行所────株式会社 大学教育出版
　　　　　　〒700-0951　岡山市田中124-101
　　　　　　電　話 (086)244-1268代　FAX (086)246-0294
■印刷所────サンコー印刷㈱
■製本所────日宝綜合製本㈱
■装　丁────ティー・ボーンデザイン事務所

ⓒYasunobu Kawauchi, Printed in Japan
検印省略　　　落丁・乱丁本はお取り替えいたします。
無断で本書の一部または全部の複写・複製を禁じます。

ISBN4-88730-372-6